江西省高校人文社会科学研究项目：高职校企混合所有制二级学
——以江西省为例，课题编号：JC17106。

职业院校混合所有制 产业学院建设研究

郑金胜　著

江西高校出版社
JIANGXI UNIVERSITIES AND COLLEGES PRESS

图书在版编目(CIP)数据

职业院校混合所有制产业学院建设研究/郑金胜著
.--南昌:江西高校出版社,2022.9
ISBN 978-7-5762-3199-1

Ⅰ.①职… Ⅱ.①郑… Ⅲ.①职业教育—混合
所有制—教育建设—研究—中国 Ⅳ.①G719.21

中国版本图书馆 CIP 数据核字(2022)第 147997 号

出 版 发 行	江西高校出版社
社 址	江西省南昌市洪都北大道 96 号
总编室电话	(0791)88504319
销 售 电 话	(0791)88522516
网 址	www.juacp.com
印 刷	北京虎彩文化传播有限公司
经 销	全国新华书店
开 本	700mm×1000mm 1/16
印 张	12
字 数	210 千字
版 次	2022 年 9 月第 1 版
	2022 年 9 月第 1 次印刷
书 号	ISBN 978-7-5762-3199-1
定 价	58.00 元

赣版权登字-07-2022-970

　　高职教育在经历了高速发展之后,开始面临新的挑战。人们开始关注混合所有制高职院校办学体制,期望能充分激发和调动高职教育的活力,摆脱现有办学的困境。目前,探索高职院校的混合所有制办学改革既有国家相应政策的引导,又体现职业教育办学的实践诉求,也存在着企业等社会资本的大胆尝试。

　　高职院校的办学活动是一个涉及多个利益主体的行为,高职院校、企业、政府部门、学生、教师、行业协会等都是其中的利益群体。他们对高职教育的理解不同、需求不同,行为方式也不同,高职院校的办学也实实在在受到他们行为决策的影响。从利益相关者的视角对混合所有制办学进行审视,对探索国内高职教育的未来发展方向、促进职业教育的变革和创新具有重要意义。

　　本书围绕着混合所有制这一新的办学体制,立足职业教育管理改革视角,借鉴现代管理学、经济学等领域的研究成果,理论上论证我国高职院校实行混合所有制办学的可行性,归纳分析我国高职院校在探索混合所有制办学发展中融资、产权与股份制应用、改革方向、混合所有制建设综合配套设计、混合所有制建设推进策略与深度影响未来高等教育发展等方面,提出通过混合所有制改革来深度重构我国产业版图。

混合所有制高职院校并不是不同性质资本的简单混合,其实质是不同性质资本在产权、治理结构等方面的融合,表现为产权多元化、合理的利益分配机制、企业处于职业教育办学中的主体位置的多样治理结构。而且混合所有制办学一定程度上去除了政府主导的弊病,政府角色由"参与者"向"监督者"转变,使职业院校牢牢把握公众利益最大化的目标不动摇;同时引入市场化机制,使院校处于自由竞争的环境中,有利于实现教育资源以及社会资源的优化配置,激发院校的办学活力。

目 录

CONTENTS

第一章　产教融合与产业学院

第一节　产教融合的相关理论

一、产教融合

(一)产教融合的含义

产教融合作为一个新出现的相关构想目前尚无统一的定义,产教融合最早由高等职业院校根据其人才培养特点提出,现在已经扩展到各个层次的教育之中。虽然从范围和层次上来说,产教融合所涉及的面比较狭窄,但非常符合时代发展要求和人才培养要求,已经逐渐成为各个层次人才培养的重要环节。

在我国教育体系中,产教融合的两个主体是学校与产业行业,通过产学研一体化的深度合作,可以提高人才培养的产教融合的水平,从而实现双赢。传统的人才培养中学校也非常重视校企之间的合作与协同培养,但是校企合作的层次有限,无法实现深度的人才培养和发展。产教融合与校企合作的最大区别主要还是在于双方合作的程度。产教融合的形式多种多样,最核心的就是双方要形成稳定、高效、深层次的合作关系,通过提升人才培养的产教融合的水平促进企业发展和办学实力的提升。在调研中发现,有的产教融合助推校企双方建立新的实体创新人才培养模式,也有的产教融合侧重研发和学术升级。从调研的结果来看,不论哪种形式的产教融合最终都会提升学生的个人素养和就业能力,企业也因此获得了更多宝贵的人才,缩短了人才与企业之间的磨合期,最终所产生的连锁效应会不断助推区域经济向前发展,从而实现共赢。产教融合让越来越多的用人单位和高校看到机会和希望,它们也非常愿意参与其中,所以产教融合的发展逐渐进入了快车道。

产教融合对于学生、学校、产业和社会来说是一个多方共赢的机制,尤其是对于学生来说,既能够提升专业能力又能够为以后立足社会提供保障。传统的职业院校虽然给学生提供了实习的条件和场所,但是各种条件的限制导致实习缺乏针对性和激励性。产教融合中有大量的实习、实践机会,而且这种实践是经过专门设计的有针对性的实践。传统的职业院校学生实践的一个很大的弊端就是缺乏针对性,这导致学生所学与所用之间无法实现无缝对接,而产教融合能够弥补传统实践存在的缺点。

产教融合的学生实践就是把课堂所学到的知识应用到实践之中,在课程设计上就存在着对应性,这是一个非常好的现象。产教融合会涉及每一门课程。从专业培养目标入手,学校与企业在充分合作的基础上共同制定培养目标以及课程标准。所涉及的骨干课程均是理论与实践高度结合,这就可以让学生带着问题学知识,并且在实践中解决问题,形成了一个遇到问题、解决问题的良性循环。通过产教融合培养出来的学生,在动手能力和解决问题的能力方面具有更大的优势,他们可以更加灵活地对问题进行分析并且选择合理的方式解决。这种人才培养模式在很大程度上改善了学生的三观,从而培养出更多能够为建设社会主义服务的优秀人才。不仅如此,产教融合还会激发出学生创造、创新的愿望和热情,激励他们在实践中不断探索、不断创新,而这种创新意识、创新能力、创新人才的培养正是我们职业教育的办学方向。

产教融合不仅可以让企业参与其中,而且有条件的学校也可以自己创办企业,以学生为主体进行发展;学生在整个过程中可以取得一定的报酬,这客观上也为学生工读结合、勤工俭学创造了条件,还能够解决贫困学生的学费和生活费用问题,为精准扶贫提供支持和保障。

产教融合在更大层面上能够为助推地方经济发展提供专门的服务,因为我国的职业院校多为地方性的,其最主要的作用就是服务地方经济发展。我国当前的职业教育是以就业为导向的教育,在社会主义市场经济制度之下主要以培养技能型人才为主要目标。这类人才具有鲜明的职业性、技能性、实用性等岗位特点,简单地说就是工作在第一线、懂技术、会操作、能管理的技术员。

产教融合的培养思路正是在上述背景之下产生的。为了满足需求而改进相应的教育策略,是我国教育不断改革、发展和完善的重要体现,也应当受到更加广泛的关注。产教融合的重要参与对象是企业,在融合的过程中要格外注重对企业需求的满足。只有充分调动企业的积极性和资源才能实现产教融合效果的最大化。据调研显示,当前进行产教融合的企业多数为生产制造型企业。

这对学校提出了新的要求,学校应针对企业所需的产品与技术进行开发,以实现学校培养人才、研发产品和技术服务的三大功能。为使企业需求与学校教学无缝衔接,与技术发展方向一致,就必须让企业技术骨干、学者专家参与培养目标的研讨、教学计划的制订。产教融合的基础是"产",即必须以真实的产品生产为前提。在这样的基础和氛围中进行专业实践教学,学生才能学到真本领,教师才能教出真水平。这样的"产"不能是单纯的工厂生产,必须与教学紧密结合,其目的是"教",在产教融合比较成熟的情况下,再逐步向"产、学、研"发展。学校真正具有了"产、学、研"的能力,适应了市场的需要,做强做优也就有了基础。

目前已经有的产教融合主要是根据学校和企业的情况双方进行深度融合,正如前面所提到的,全社会还没有形成一套完整的、可以通用的经验,因此要从已经完成的调研结果中总结出当前教育界比较常用的一些做法。产教融合的发展实际上经历了一段时间的摸索,学校和企业在探索中寻求最佳的解决途径。在产教融合中学校和企业始终坚持"双赢"原则,实施责任共担,这就形成了一种具有约束力的制度保证。一些比较主流的做法是引入社会上管理和技术较为先进的企业,企业加盟校企合作,通过利用学校的设备,进行产品生产;同时在生产过程中引入教学内容,校企共同制订产教融合的实施性教学生产计划,让教师学到技术,让学生加入生产,让生产产生效益,学校和企业共同发展。

(二)产教融合的特点

产教融合在国内和国外经过了多年的发展取得了一些经验,在梳理国内外产教融合发展经验的基础上可以总结出产教融合所具有的一些特点。通过文献梳理和国际经验对比可以发现德国的双元制模式、美国的合作教育模式以及英国的工读交替模式都非常值得学习。我国在产教融合方面也取得了一些成绩,早期的产教融合以校企合作的形式存在,其中几个典型模式分别是"学院 +创业中心区""专业 +大型企业""专业 +龙头企业 +企业联盟""专业 +校办企业""专业 +行业协会"。上述五种模式都是职业院校结合当地经济发展情况而创造出来的,具备了初步的产教融合特性。

1.立体式融合

产教融合服务于社会主义市场经济,所以其发展路径也必然要受到社会主义市场经济的影响。产教融合在发展中更加注重立体式融合。立体式融合区别于平面融合,从融合的层次来说,校企合作属于层次比较低的融合,也就是平面融合。产教融合是高层次的融合,可以说是立体式融合,它打破了原有单一合作或双项合作的局限,在产、学、研三方面进行全面、深入的合作。融合后的组织结合了生产、教学和科研的特点,不仅自身是生产的主体,具有创造经济效益的功能,而且能提供产业发展需要的专业技术人才,为产业的可持续发展提供源源不断的智力支持。通过对比产教融合培养出来的人才与传统模式培养出来的人才,就可以发现二者存在着比较大的差异,产教融合模式培养出来的人才具备更强的可持续发展能力。从另一个角度来说,企业的需求也能为学校的教育教学改革提供方向和目标,让高等职业教育更能适应行业需要。融合后的组织能科学配置内部资源并开展基础研究、应用研究和开发性研究,为产业发展提供有力的技术支持,为学校教育内容的更新提供最前沿的信息资源,保证了教育与时俱进。三者融合在一起,形成一个良性的循环体系,开展教学、科研、生产等服务活动,在促进内部发展的同时,不断向外辐射,发挥更大的社会效应和作用。这种立体式融合对于经济发展和社会进步都有着非常重要的助推价值,反过来也促进了教育的发展和进步。

2. 社会主义市场经济产业化发展的融合

社会主义市场经济产业化是指某种产业在社会主义市场经济条件下,以行业和企业的真实需要为导向、以实现效益为目标、依靠专业服务和产教融合的水平管理形成的系列化和品牌化的经营方式和组织结构。其基本特点是:面向市场、有行业优势、规模经营、专业分工、相关行业配合、龙头带动、市场化运作。对于不符合市场需求的项目,要遵循市场进退机制,及时终止不必要的投入,避免产教融合运作过程中机制的片面性。所以,社会主义市场经济产业化发展的产教融合是一种面向市场需求的融合,能在产、学、研三方面做大做强,分工合作,强强联合,能创造出良好的市场发展前景,具备其他组织无法复制的竞争优势,形成自己的品牌,在市场上具备核心竞争力,并且能形成一定的规模,带动其他合作项目不断深入开展,严格按照市场规律来开展活动。

3. 以企业需求为出发点

教育以培养人才为主要目标,早期的教育在人才培养中不是十分注重与企业之间的对接。产教融合在培养目标方面领先于传统的教育,产教融合的出发点是企业的需求。企业参与到人才培养的全过程之中,能够将自身的需求以最大化的形式表达出来,并且在课程设计中逐个满足。传统的高等职业教育产教融合实践过程中,搞形式、走过场、学校"一头热"的现象并不少见,每所高等职业院校在产教融合实践中都会遇到这种现象。通过分析可以发现,这种现象出现的原因有很多,主要是双方在合作的早期并未找到能够让彼此共赢的路径。而很多企业迫于政策的压力或是学校的单方意愿,在没有找到双方合作的需求点时就盲目开展形式上的校企合作,合作之前双方缺乏严谨的调研。

这样的产教融合违背了社会主义市场经济的需求导向,不可能产生有益的效果。真正实现产教融合的组织,能够以企业、学校和相关合作部门的需求为前提,结合各种市场正在发生的变化,明确市场的供需状况,确定各自的实际需求,寻求利益结合点开展相关合作,在满足自身需求的同时,能为市场的供给和需求的均衡做出一定的贡献,并能根据供给和需求的均衡变化,调整自己的需求发展战略,这样不仅解决了合作的随意性、被迫性问题,也提高了合作双方的积极性与主动性。

4.多主体管理的融合

产教融合就是一个重新确立组织主体地位的过程,也是在社会主义市场经济条件下产教融合活动获得法制保障的关键要素。以往很多的校企合作活动难以实现产教融合的关键原因,主要还是在于没有明确各个主体之间的权利和义务关系,关系的不明确导致了合作的问题,从而影响了校企合作的发展。产教融合的主体正悄然发生变化,已经从学校转移到了企业和行业,这种变化既与当前的社会发展有关,也与教育的进步有关。正是基于此,在有效的产教融合组织中,学校、企业、政府、行业协会等分工合作、共同管理,在开展任何活动之前,都应明确各自的权利和义务,并对其后果承担最终的法律责任。这样不仅可以增强企事业单位对此项工作的责任意识,发挥其主人翁地位,也可以让学校和合作单位在此项活动中的管理工作更为合法、有序,避免产教融合管理工作发生混乱。

二、实践型人力资源

实践型人力资源是根据社会发展的需要而出现的新生事物,主要是指能将专业的技能和专业的知识应用于所从事工作的一种具有更强动手能力的人才。实践型人力资源需要熟练掌握企业工作所需要的基础知识和基本技能。实践型人力资源主要是指在一线从事操作的专业技术人才,其具体内涵是随着高等教育历史的发展而不断发展的。总之,实践型人力资源是具有实际技能的人,是能把理论应用于实践的人才。实践型人力资源培养要以能力的培养为中心,突出培养每个学生思考、掌握、应用知识的能力,以让学生适应社会的需要、适应经济发展为主要目标。实践型人力资源的培养过程强调与一线实践知识的传授相结合,更加重视实践性教学环节,如实验教学、生产实习等,通常将此作为学生贯通有关专业知识和集合有关专业技能的重要教学活动。实践型人力资源属于一种中间人才,既要有一般人才应具有的理论知识,同时又要有较强的操作技能,这样的要求是比较高的。

与其他类型人才培养模式相比较,实践型人力资源培养模式主要有以下特点:

第一,这种人才的知识结构是围绕着一线生产的实际需要加以设计的,在课程设置和教材建设等基本工作环节,特别强调基础、成熟和适用的知识,而相对忽略对学科体系的强烈追求和对前沿性未知领域的高度关注。

第二,构架出一套完善的人才知识、思维、能力、素质全面发展的结构,优化专业教学计划,整合学科教学内容,为我国培养出更多、更出众的一专多能型、实践型人力资源。同时,不同层次的实践型人力资源在培养定位上也是不同的。

总之,实践型人力资源主要是应用知识而非科学发现和创造新知,社会对这种人才有着广泛的需求。在社会工业化乃至信息化的过程中,社会对这种人才的需求占有较大比重。正是这种巨大的人才需求,为高等职业院校的发展提供了广阔的空间。这种人才同样需要经历一个复杂的培养过程,同样也能反映一所学校的办学水平。

此外,高等职业院校注重产教融合的水平和达到的高度,这不仅体现在高等职业院校自身专业设置、教学层面、产教融合的管理水平等微观方面,还体现在高等职业院校在宏观上将产教融合办学模式提高到一定层次,提高为学生、行业企业、政府及社会经济发展服务的能力。但是,高等职业院校不能不顾实际,盲目地与企业合作,为了产教融合而产教融合。高等职业院校要避免片面追求合作行业企业的数量、合作的规模以及合作的速度等短视行为,应在保持自身优势资源、提高自身产教融合的水平的同时,注重提高与行业企业、商业协会以及培训机构等多方主体合作的产教融合的水平及合作的深度,注重与地方政府、行业企业、商业协会等主体形成互利共赢,注重可持续发展和长远发展,注重兼顾社会效益和经济效益。

三、产教融合生态圈

产教融合生态圈是本研究的一个创新之处。本研究把产业、教育、社会发展等相关利益群体融合到一起,从而构建出一个全新的事物,即产教融合生态圈,这一生态圈的构建有利于提高整体教育水平。

生态圈即生物圈,生物圈是所有生物链的统称,它包含了生物链上所有生物、生态环境和生态系统等,又分为森林生态系统、草原生态系统和湿地生态系统等。生态圈具有可持续性、相对稳定和自动平衡等特性。在整体生态中,不同物种在物质形态上以群体的形式共存于整体生态的大环境中,群体之间构成特定的关系链条,在这个圈内按一定的规则实现共存共荣。产教融合生态圈是指高等院校以自身为主体,在地方政府的支持下,围绕地方产业经济发展,积极与地方工业园区开展深入的战略合作。产教融合生态圈的构建需要多个部门的协同参与,更需要政府部门的统筹参与:一方面为高校进行校企合作搭建平台,另一方面为企业参与校企合作出台更多鼓励政策。在此过程中,高校为地方区域经济发展提供智力驱动,企业为区域经济发展提供经济驱动。通过校企合作,高校人才培养产教融合的水平得以提高,学校抓住市场的脉搏,办学形成特色,同时也使更多的社会资源转化为教学资源;实践型人力资源缺口得到填补,企业经济效益得以提高;区域经济得到较好发展,地方经济实力得到较大提升;促使学校与企业开展更深入与全面的合作,构建一个稳定、持续和高效的合作关系,从而形成一个共生共赢的产教融合生态圈。

第二节　高职院校产业学院内涵建设

随着产业升级和经济结构调整的不断加快,高质量技术技能人才的社会需求越来越紧迫,职业教育作为与普通教育同等重要的类型教育,在汇聚发展新动能和提高产业竞争力等方面的作用也越发明显。因此,高职院校应落实立德树人根本任务,以学生为中心,突破传统路径依赖,契合产业发展,深化产教融合,联合行业主流技术企业、行业组织等共建特色产业学院,不断加大产业学院内涵建设力度,各方协同培养产业急需的高素质应用型、复合型、创新型技术技能人才,为区域经济社会和产业升级发展提供智力支撑。

一、高职院校产业学院内涵建设的意义

高职院校产业学院是由高职院校、企业、行业组织等多个独立的关系密切的主体协同组建的有机体,是落实国家政策、彰显职业教育类型特色、体现学生中心理念的重要载体,在助力区域经济社会和产业发展、促进高职院校创新发展和提高人才培养质量等方面发挥着重要作用。

(一)宏观层面

有利于落实国家政策,促进区域产业升级发展。高职院校建设产业学院是响应国家政策要求,有效落实《国家职业教育改革实施方案》等文件精神,深化产教融合,推动职业院校与行业企业构建命运共同体的重要举措。2020年7月,教育部、工业和信息化部联合印发《现代产业学院建设指南(试行)》,为产业学院建设提供了明确的指导意见。高职院校产业学院内涵建设要以区域产业发展为牵引,把握产业发展趋势,促进区域产业升级发展,为区域经济发展提供智力支持,为区域产业和经济高质量发展扩展新空间、培育新动能、增添新活力。

(二)中观层面

有利于突出类型特色,推动高职院校创新发展。高职院校建设产业学院是突出职业教育类型特色,改革传统人才培养模式,体现新时代职业教育发展趋势,多元主体有效协同开展人才培养工作,推动高职院校创新发展的重要举措。

高职院校特色产业学院强调校企深度合作,特别强调企业深度嵌入产业学院建设全过程,打破学校内部传统的专业和组织架构等壁垒,合作各方共同精准把握产业、行业、企业需求,释放各自在人才、资源、技术等方面的活力,深度合作打造集人才培养、科学研究、技术创新、社会服务于一体的实体产业学院。产业学院以组织模式改革促进人才培养模式的深层次变革,可增强职业教育的适应性,进而满足区域产业和经济社会高质量快速发展对职业教育的需求。

(三)微观层面

有助于实现学生全面发展,提高人才培养质量。高职院校建设产业学院是坚持立德树人,以学生全面发展为中心,探索职业教育技术技能人才特色培养新路径的重要方式。产业学院人才培养要面向岗位群进行典型工作任务和职业能力分析,实现课程内容与技术发展、教学过程与生产过程双对接,要持续探索项目式、模块化、工单式等教学模式改革,在产业学院人才培养过程中不断增强学生对产业的认知程度,不断提高学生解决复杂问题的能力和实践创新的水平,推动人才培养供给侧和产业发展需求侧紧密互动,切实提高技术技能人才培养质量,满足区域产业和经济社会高质量快速发展对人才的需求。

二、高职院校产业学院内涵建设的要素

高职院校产业学院实现可持续发展的关键是增强自身的核心竞争力,要从内涵建设要素入手,通过建设新的合作机制、培养模式、专业标准、课程体系、实践基地、师资队伍和服务平台等方式,增强特色产业学院的内核力量。

(一)新的合作机制

高职院校产业学院作为深化产教融合的新型办学模式,是学校与主流技术企业、行业组织等合作方结合各自需求,集各方优势紧密合作,开展适应区域经济发展和产业升级的高素质技术技能人才培养的组织模式。高职院校产业学院不同于普通的二级学院,其具有相对多样化和复杂的组织形态,是将高等职业教育与产业紧密连接、融合教育需求与产业需求、具有合作共赢与跨界共生等典型特色、拥有相对独立地位的新型组织模式。因此,有效建立合作机制对高职院校产业学院至关重要。只有建立起合作新机制,规范产业学院管理制度,才能明晰产权、关注并兼顾各方利益,实现由学校和合作方共同管理运营,进而达到共赢。

（二）新的培养模式

高职院校产业学院作为实施人才培养供给侧改革的重要方式，是在合作各方的共同努力下，将人才培养标准和企业生产标准、岗位群标准全面对接的办学模式。产业学院的人才培养模式要从传统的以知识为主线的培养模式转向以能力为主线的培养模式，通过分层分类、特色培养、工学交替、技能认定等各种方式，多措并举，充分实现以学生为中心，有机融合生产要素和教学要素，整体规划构建支持区域经济社会发展和产业升级的人才培养模式与人才培养体系。

（三）新的专业标准

高职院校产业学院建设往往与专业群建设紧密结合，因此要高度重视专业作为高职院校人才培养基本单元的重要作用，建设产业学院专业建设新标准，实现专业内涵的有效增值。要依据国家职业标准和产业学院人才培养目标，从专业定位与特色、人才培养模式、师资队伍、课程与资源、实践教学、技能竞赛、科研服务、国际交流、质量保障等多个维度，持续深化专业内涵建设，不断增强产业学院专业的影响力和高质量人才的培养能力。

（四）新的课程体系

高职院校产业学院要打破常规，深入分析专业（群）人才培养面向的岗位群典型工作任务和岗位群核心能力，对接岗位群人才培养需求，引入合作主流技术企业生产技术标准和真实生产项目，开展模块化、项目化、工单式等教学改革，科学构建提升学生基础能力、综合能力、专业能力、核心能力、创新能力"五级能力"的模块化课程体系，立足技术技能人才能力培养，不断强化学生的职业胜任力和可持续发展能力，满足对产业升级和经济社会快速发展的适应性需求。

（五）新的实践基地

高职院校产业学院是扎根于区域经济社会和产业中办学的新模式，校企各方要紧密合作，基于区域产业、行业、企业的生产环节和流程，秉承"协同发展、创新共享"的理念，建设适应产业转型升级和创新发展需求、具有区域特色、集实践教学和科技研发于一体的实习基地、实训基地、研发平台、生产基地等实践基地，打造高职院校技术技能人才培养和科技研发创新的实践高地，有力促进区域经济社会和产业创新发展。

（六）新的师资队伍

高职院校产业学院的师资队伍建设要打破专业限制,建设专兼结合的结构化教师教学创新团队,有效支撑产业学院模块化、项目化和工单式等教学改革。产业学院可以通过"柔性引进"等方式聘请产业教授,通过"名师学者"等培育工程培养高端人才,通过校企"互聘共育"等方式组建共享师资团队。同时,校企各方共同研究师资队伍培养、聘用和激励机制,共同制订多元多渠道的教师培训方案,建立学校骨干教师和企业科研能手、能工巧匠互聘兼职或定期交流制度。

（七）新的服务平台

高职院校产业学院的社会服务平台建设要积极发挥校企合作各方的综合优势,建设"产教科创用"一体化服务新平台。围绕"卡脖子"等关键问题开展协同创新,围绕产业、行业、企业需求进行产品研发、项目孵化、技术攻关,并推动科技创新成果转化,实现高职院校科技和知识溢出直接服务区域经济社会发展与产业转型升级,实现产业、教学、科研、创新、服务五位一体共同发展融合,提升产业学院发展的竞争力和服务产业的能力。

三、高职院校产业学院内涵建设面临的困难

高职院校产业学院建设虽然取得了一定成效,但作为产教融合的新形态、新模式,在加强内涵建设过程中仍然面临一定困难,制约了产业学院的特色发展。

（一）治理结构尚待完善

高职院校产业学院的应然状态是合作各方能够建立起"利益共同体""校企命运共同体"的关系,有科学的治理结构和系统的管理制度。但目前高职院校产业学院处于刚刚起步阶段,未能明确高职院校与企业在产业学院中的地位和职责,对产业学院建设也未能给予充分重视,指导监督力度偏弱,致使治理结构比较松散,管理制度不健全,治理能力不够强,合作各方在目标、需求以及价值取向等方面存在偏差,合作大多浮于表面,远没有达到产业学院各方综合治理的程度,难以实现真正的有效治理与共同发展。

（二）合作模式相对松散

目前,部分高职院校产业学院仍然停留在产业学院牌匾下,简化校企合作

的运行模式是跟风赶潮流的一种表现。这种情况下,产业学院的组织架构、运行模式等只规定在合作协议中,现实中合作企业、行业组织等融合嵌入程度浅,仍然以高职院校二级学院为主、企业和行业组织等适当参与为辅的传统校企合作运行模式进行产业学院运营。此种运行模式未能将校企双方各自的优势有机融合,校企合作程度低,校企合作模式松散,没有形成多元协同治理,甚至没有做到精准对接、全程嵌入、深度融合,更无法达到合作共赢、利益相关、跨界共生的"校企命运共同体"程度。

(三)合作动力不足

高职院校产业学院的生成逻辑应该是正和博弈,即合作博弈,能够达到合作各方共赢的结果。产业学院合作方的利益诉求是不同的:高职院校的利益诉求是通过校企共建课程、共育师资、共享资源等方式实现更优的人才培养;合作企业的利益诉求是通过校企共同开展科技研发、技术创新、资源共享等方式实现资本的保值增值,获得利润。而实践中,产业学院建设是一项长期系统工程,难以在短期内获得利润或取得成效,因此很难将各方利益诉求在短时间内有效协调,即时实现互利互惠的需求无法得到满足,致使合作动力不足。

四、高职院校产业学院内涵建设的路径

高职院校产业学院加强内涵建设需多措并举,构建共同体新格局,有效连接教育界和产业界,促进教育链、人才链与产业链、创新链的有机衔接。

(一)创新人才培养模式

高职院校产业学院落实立德树人根本任务,以育人为本,创新人才培养模式,是校企各方着眼于人才能力培养的一条合作新路。在人才培养实践中,产业学院应立足服务区域产业与经济发展,以学生能力培养为主线,关注学生生涯发展全周期,通过开展工学交替、跟岗顶岗、分层分类等人才培养模式,实现人才培养供给侧与产业需求侧紧密对接,培养符合区域经济社会和产业高质量发展及创新需求的高素质技术技能人才。一是开展学徒制人才培养。与合作企业、行业组织等共同制订学徒制人才培养方案,按照产业需求和企业的用人标准开设专业课程,开展教学实践,校企共同承担人才培养任务。教学采用学校、企业双场所,通过工学交替,让学生熟悉企业的生产过程,了解岗位的实际需求,适应产业的人才需求。二是开展复合型人才培养。落实"1+X"证书制

度,与合作企业、行业组织等共同梳理和专业人才培养岗位技能需求相契合的"X"证书,形成产业学院"X"证书体系,通过"课证融通"将"X"证书要求掌握的技能点有机融入专业课程体系,实现人才培养有效对接产业需求和职业标准,增强学生的职业素养和专业技术能力。三是开展分层分类人才培养。与合作的主流技术企业、行业组织等共同制订特色班人才培养方案和特色班实施方案,在学生自愿申报的基础上通过遴选组建特色班,按照合作企业的生产标准建构课程体系,通过增加岗位实践教学比例、开展"小学期"制试点、开设技术研发课程等方式,进行有针对性的、区别于平行班教学的、更注重实践能力和创新能力的分层分类人才培养。

(二)建设高水平专业(群)

高职院校产业学院基于区域经济社会和产业发展而建立,具有很强的产业专属性和目标指向性。因此,产业学院专业(群)建设要坚持以产业为要,体现产教映射,面向产业急需,紧密对接产业链。一是科学建设契合产业发展的高水平专业(群)。产业学院应该根据自身办学特色和优势资源设置与地方产业发展趋势相匹配的专业(群),并建立动态调整机制,及时优化、升级,以实现产业学院专业(群)与产业链的有效衔接,契合产业发展、服务产业发展、支撑引领产业发展。二是对标对岗重构产业学院专业(群)课程体系。依托产业学院,不断整合各方优势资源,通过校企深度合作,实施工作、技术、创新"三驱动",对标对岗重构产业学院"五育双平台四模块"("五育"指德、智、体、美、劳,"双平台"指公共平台和群平台,"四模块"指专业核心课、集中实践课、专业拓展课和公共拓展课)专业(群)课程体系。通过课程体系重构,高标准、高质量建设产业学院专业(群),将项目实践贯穿人才培养全过程,推进产业学院专业交叉融合,培养复合型人才,切实增强专业(群)对经济高质量发展的适应性。

(三)建设产教融合实训基地

实践是产业学院创新人才培养的关键环节,高职院校产业学院要立足高端产业和产业高端,与合作的主流技术企业共同建设定位清晰、特色鲜明、设备先进、资源优质、管理科学且具有真实生产功能、科技研发服务功能和实习实训等实践教学功能的高水平产教融合实训基地,开展集"人才培养＋真实生产＋技术研发＋推广服务"于一体的多元合作,打造一流实践教学中心,建设一流软硬件环境,构建一流实践教学体系,根据实际生产环境优化实训基地条件,根据岗位能力标准优化实践教学内容,不断提升产业学院学生的技术技能水平。实践中,要充分发挥合作企业的资源优势,紧密对接产业新业态、新技术、新岗位等需求,充分实现校企各方互利共赢,构建协同育人、协同生产、协同开发、协同创新、协同服务的新局面,推动形成校企合作命运共同体。

(四)建设专兼结合的"双师"团队

高职院校产业学院作为深化产教融合、校企各方利益共享的合作平台,要精准把握合作各方的需求,共建共育共享师资队伍。实践中,可以通过机制建设、制度建设和特色举措工程,打造一支专兼结合、结构合理、分工协作、理念先进、能力卓越、视野开阔的一流"双师"团队。通过构建激励机制、监督机制和分类发展机制,建立健全用人管理制度、绩效考核制度和职称评审制度,实施高层次人才引进工程、领军人才培育工程、青年教师成长工程和兼职教师提升工程,激发产业学院师资队伍活力和动力,增强产业学院师资队伍的凝聚力和战斗力,为高素质技术技能人才培养奠定坚实的师资基础。具体来说,产业学院可通过互融互通、外引内培、混编互聘等方式,实现师资队伍校企双向交流;可通过制定实施"常岗优酬"等特色制度,柔性引进产业教授加入产业学院师资团队;可通过"技能大师工作室"等项目建设,增加企业大师工匠、能工巧匠深度嵌入产业学院人才培养过程的机会。

(五)拓展技术研发服务

高职院校产业学院要加强"产教科创用"一体化设计,与企业建设高端技术研发联合体,打造互补、互利、互动、多赢的协同创新平台,面向区域经济社会和产业,引领企业科技研发和技术创新,推动成果转化,开展高端技术人员培训服务等,提升相关人员的技术应用能力和科研创新能力,为区域社会培育经济发展新动能,提高高职院校产业学院的影响力和美誉度,发挥高职院校产业学院服务产业升级发展的重要作用。

第二章 国外产业学院模式

第一节 德国的双元制模式

《合作教育大学——卡尔斯鲁厄:德国高等教育的双重体制》对德国的双元制进行了阐述,《德国双元制:教育的乌托邦》论述了双元制的优点及缺点。双元制的优点在于国家对教育的保障以法律的形式体现出来,学校培养人才以企业为依托;缺点在于受教育者、学院、企业、同一行业的其他部门、企业领导及其他相关的企业往往会有不一样的教育理念,这样的情况会使相互的关系处于比较紧张的状态。

"双元制"职业教育是指高等职业学校与企业协同构建职业教育,用人单位和高校、教师与企业培训人共同培养学生,学生具有双重身份,旨在最大限度地利用学校和企业的条件和优势,使理论与实践相结合,从而培养既具有专业理论知识又具有专业技术和技能以及解决职业实际问题能力的高素质技术人才的一种教育制度。具体而言,"双元制"的职业教育内涵体现在以下几个方面:

①两个培训主体,即企业和职业学校。

②两种教学内容。在企业主要是传授职业技能和与之相关的专业知识和职业经验;职业学校的教学内容除专业理论知识外,还包括普通文化知识。

③两种教材,即实训教材和理论教材。培训企业使用的是联邦职业教育研究所编写的全国统编教材,以便确保达到统一的培训标准和产教融合的水平;而职业学校使用的理论教材则是由各出版社组织著名专家编写的,没有统一的全国或全州统编教材。

④两种实施方式。企业遵循联邦职教所制定的培训条例来培训;职业学校则遵循所在州文教部颁布的教学计划组织教学。

⑤两类教师,即实训教师和理论教师。企业培训的实训教师是企业的雇员;职业学校的理论教师属于国家公务员。

⑥两种身份,即企业学徒和职校学生。

⑦两类考试,即技能考试和资格考试。技能考试是针对企业培训的,考试内容以其在企业接受的实训内容为主,目的在于考核学生对所学技能和专业知识实际掌握的程度,一般由行业学会负责实施;资格考试则是针对职业学校的专业理论知识的传授,内容包括所学各科,方式包括笔试和口试,由学校组织实施。

⑧两类证书,即考试证书、培训证书和毕业证书。考试证书一般与学习和培训地点无关,凡通过相应的职业培训结业考试者,都可获得由行业协会颁发的国内外承认的证书——技术工人证书、伙计证书和商务办事员证书等。培训证书和毕业证书则是由培训企业和职业学校颁发的与培训和学习地点有关的学历证书。

⑨两种经费来源。企业的培训费用全由企业承担,企业除了负担培训设施、器材等费用外,还必须支付学徒工在整个培训期间的津贴和实训教师的工资等;职业学校的经费则由国家和州政府负担,通常是州政府负担教职工的工资和养老金等人事费用,地方政府负担校舍及设备的建筑与维修费用和管理人员的工资等人事费用。

⑩两个学习地点分别受两种不同类型法律的约束。企业培训受《职业教育法》的约束,职业学校则遵循《职业义务教育法》。

可见,德国的"双元制"职业教育在整体的培养目标上是合二为一的,但在具体的教学过程中则又是一分为二的,表现出明显的双元属性特点。借此最大限度地利用各自的条件和优势,既使学生在实训氛围中获取有价值的实践经验,又能通过学校系统的专业知识学习,打下坚实的理论基础,培养敏捷的思维能力和掌握科学的方法,从而很快适应毕业后的工作。

职业教育是否满足社会需要的一个主要表现就是职业教育的专业设置是否与产业结构及经济发展变化相适应。因此,职业教育的专业设置应体现下列三项基本原则:

①企业需求原则:专业设置应满足行业领域内所有企业的普遍要求。

②相对稳定原则:专业设置应满足相当长时间内职业发展的需求。

③广泛适应原则:专业设置应适应较宽的职业领域,具有综合性。

为了确保专业设置的科学性与相对稳定性,体现专业设置的综合性,德国以科学的方法——职业分析为向导,确定"双元制"的培训职业。职业分析是指确认、定义、描述社会职业所含任务及作业项目的科学分析过程,也是利用行为科学方法掌握相应从业人员的现场行为及其行为方式的素材搜集过程。通过职业分析,通常将一个或若干个社会职业归结为一个职业群,一个职业群对应一个专业,即德国所称的"培训职业",既可以清楚地了解到构成任何一种职业的主要活动内容,明确地分辨出支撑该职业的知识与技能,同时,又能够确定相邻社会职业的技能——知识联结点,为社会职业归类及职业群的确定奠定了基础,也为职业教育的专业设置提供了依据。随着技术的进步,产业结构不断变化,社会职业出现了综合化趋势,许多传统的职业逐渐消失,新兴的职业、交叉的职业不断出现,客观上要求职业教育的专业设置必须与社会经济的发展动态相适应。因此,德国政府每隔一段时间要对培训职业进行重新界定。

职业教育是否满足社会需要的另一个重要表现就是职业教育的培养目标是否与社会经济发展对人才素质的要求相一致。现代社会是一种动态的社会,其变化的幅度、速率、能级极大,对人才提出了前所未有的新要求。如劳动分工由单一工种向复合工种的转变,要求人才具备跨岗位的能力;技术进步导致简单职业向综合职业发展,要求人才具有跨职业的能力;信息爆炸,知识技能陈旧率提升,要求人才具有自我学习、不断开发自身潜力的能力;竞争机制要求人才具有不断适应劳动力市场变化的能力;等等。可以说,培养目标以职业能力为本位是现代社会对职业教育提出的新要求。为了培养适应现代社会企业要求的技术工人,"双元制"模式不仅注重基本从业能力——专业能力、方法能力、社会能力的培养,而且特别强调综合职业能力——关键能力的训练。关键能力是指与纯粹的、专门的职业技能和职业知识无直接关系,超出职业技能和职业知识范畴的能力。它是方法能力和社会能力的进一步发展,也是具体的专业能力的进一步抽象。它强调的是,当职业发生变更,或者当劳动组织发生变化时,人才所具有的这一能力依然存在,人才不会因为原有的专门知识和技能对新的生产过程及工作组织结构不适应而茫然不知所措,而是能够在变化了的环境中重新获得新的职业技能和知识。关键能力包含的具体能力有很多,但最重要的是要独立计划、独立实施、独立控制与评价的能力。培养目标的实现是通过课程来完成的。要实现以职业能力为本位的培养目标,就必须以职业活动为核心设计课程模式,这样才能有利于学生获得职业知识、职业技能及职业能力。"双元制"的课程模式充分体现了以职业活动为核心的设计思想。

"双元制"理论课程的设计是以职业活动为中心选择课程内容的,并确定了以职业活动为核心的阶梯式课程结构。这一结构是一种建立在深厚的专业训练基础之上的以职业活动为核心的综合性的课程结构。从横向看,它紧紧围绕着职业活动这一核心,并综合为三门课程——专业理论、专业制图、专业计算,覆盖了专业所需的所有理论,知识面广、深浅适度、综合性强,有利于培养学生综合分析问题和解决问题的能力。从纵向看,所有课程又都分为基础培训、分业培训和专长培训三个层次,呈阶梯式逐渐上升。无论哪个层次的培训,三门专业课始终都是围绕着职业实践活动从泛到精、由浅入深开展的。"双元制"的实践课程设计更加突出了以职业活动为中心的特点。职业能力的训练与习得是一种典型的实践活动,具有明显的过程属性。正是基于此,"双元制"实践课程的编排与选择更注重直接性的职业经验。职业技能的训练是通过完成一系列的工件制作来实现的,而每一工件都是该职业中具体的职业活动。这样通过以职业活动为核心的培训过程,就能达到培养学生职业技能、职业能力的目的。任何课程内容只有通过一定的教学活动才能转化为学生的知识与技能。以职业能力为本位的培养目标必然要求以学生为主体组织教学活动。正是基于此,自20世纪70年代以来,德国职教界开始探索以受培训者——职业学校学生为主体的教学活动的组织结构与方法。

"双元制"职教模式无论是理论知识的传授还是实训教学均体现了以学生为主体的思想。理论知识的传授由传统的讲授法向启发式、讨论法、小组学习法等转变。实训教学由传统的四阶段培训法向项目法、引导性课文法、项目应用法及学习岛等过渡。也就是说,教学活动的组织由以教师为中心转向了以学生为主体。这种以学生为主体的教学活动,改变了传统教学中教师与学生的地位:在教学过程中教师不再主要是知识的传授者、讲解者,而是指导者与咨询者;学生不再是被动的接受者,而是主动的获取者,其主动性、积极性得到了充分的发挥。例如,针对某个"项目",学生可以根据已有的及新获取的知识、技能和经验制订出若干不同的实施方案,而在这些方案的制订与实施中,不仅学生的专业技能得到了训练,而且独立工作能力、创造能力、与他人合作的能力以及综合能力等均得到了全面的培养和提高。以学生为主体的教学活动在现代职业教育中占据着主导地位,它注重学生职业能力的培养,是现代职业教育能力本位观的必然结果。

德国"双元制"在世界上享有盛誉,主要是因为其培训产教融合的水平高,而这一高质量的培训又是以客观、公正、规范的考试考核体系为保障的。为了确保考试的客观性和不受培训机构影响的独立性,"双元制"职业教育考试由与培训无直接关系的行业协会承担。行业协会专门设有考试管理协会,该管理协会由雇主联合会、工会及职业学校教师三方代表所组成。其中,雇主和工会代表人数相同并且至少应有一名职业学校的教师。三方代表必须是所考核职业的专家。该管理协会的主要任务是制定或组织制定考卷、监考及评分。由于考试由行业协会组织实施,这就有利于按照《职业培训条例》的考试要求进行,而不是根据哪一个培训机构(企业或职业学校)中所传授的具体内容进行,从而能更客观地评价职业教育的培训质量。"双元制"职业教育考试强调统一规范性,同一职业或不同职业的相同科目的考试在同一时间举行,并按照统一标准评分。由于"双元制"职业教育考试的客观与公正,其结业证书不仅在德国得到承认,而且在欧盟的一些国家也得到承认。

第二节 英国的三明治模式

英国的德斯塔和帕特尔在《英国的大学和产业的联系:什么是与产业互动的各种因素》中认为在讨论产教融合的问题时,经常使用的是协同研究、依托企业等几种形式,莱特等在《大学与产业的联系:知识类型和中介机构的作用》中从受培训者的技术掌握程度分阶段研究了大学与企业合作模式的选择,认为在技术处于初级阶段的时候应该采取共同研究的模式,处于中级阶段即推向市场的阶段时应采取合作与委托的模式,处于高级阶段即宣传阶段时则应该加大宣传力度。

关于英国的产学研合作教育模式,目前众人所熟知的主要是这三大类:"三明治教育模式""教学公司模式""沃里克教育模式"。其中,三明治教育是英国发展最早、影响最为深远的产学研合作教育模式,因而被当作英国产学研合作教育模式的代名词。时至今日,英国的三明治教育发展了一百多年,已经完美地融入了英国高等教育体系中,成为英国高等教育不可或缺的重要组成部分。本书从历史分析的角度,对英国三明治教育整个发展历程进行了梳理。在此基础上,本书对三明治教育不同发展阶段的特点、重要的政策文本及政府的角色定位进行了深入剖析,以期从制度环境建设方面为我国目前高速和高质量发展的产学研合作教育提供借鉴。三明治教育之所以被称作"三明治",是对其半工半读、学工交替式课程设置模式的一种形象比喻。三明治教育的演进与发展有一个较为漫长的过程,可以分为以下几个阶段:

①20 世纪初至 20 世纪 50 年代:三明治教育的萌芽和艰难起步期。

②20 世纪 60 年代至 70 年代:三明治教育的快速增长期。

③20 世纪 80 年代至 90 年代:三明治教育的成熟发展期。

④21 世纪初至今:三明治教育的繁荣稳定期。

20 世纪初,随着社会对技术工人的巨大需求,英国部分技术学院开始尝试三明治教育模式。作为少数学校的单方行为,这种有别于传统知识传授的教育模式,发展之初并未得到产业界的有力配合,发展举步维艰。直到 20 世纪 50 年代,英国政府确立国家技术教育体系,三明治教育才开始慢慢发展起来。20 世纪初叶,英国已经有部分技术学院开始了对"工学交替"教学模式的探索,比较有代表性的是桑德兰技术学院(现更名为桑德兰大学)。建校之初,该校管理者就意识到注重知识和理解的传统教育模式已不能适应社会对人才新的需求,认为学生在学习课程时,还应同时获取一些工作经验,于是率先在机械工程学院引入了一种被称作三明治教育的工学交替式培养课程体系。参加三明治课程的学生可以白天工作、夜间学习,以获得更高的资格认定。但该时期的三明治课程社会认可度低,学生参与总体规模很小。在这种发展背景下,20 世纪 50年代英国政府出台了《技术教育白皮书》,正式确立了"国家技术教育体系"的基本雏形。

《技术教育白皮书》的出台不仅提升了技术学院的地位,也充分肯定了三明治教育的独特地位。英国政府相信对于最高端的技术教育而言,三明治教育无疑是最为适合的。20 世纪 50 年代末发布的《克罗瑟报告》也对三明治课程有着极高的评价，它指出"三明治课程将成为 16～18 岁青年唯一可行且符合标准的（技术）教育模式。为了应对这一趋势，'各产业部门应当根据自身的要求设定相应的基准'"。20 世纪 50 年代末，三明治课程的学位认证问题得到解决。国家技术学位管理协会正式将三明治教育列为技术学位文凭教育，这在三明治教育发展史上是重要的里程碑。三明治教育学位认证问题解决后，三明治课程发展迅速。

此外，三明治教育也获得了中央财政强有力的支持。20 世纪 60 年代，英国工程培训管理协会成立。管理协会成立不久，就出版了第一期《信息报》，以助推 20 世纪 60 年代《产业培训法》所列目标的实施工作，并承诺会不定期出版更多的《信息报》，为 3 万个对校企合作感兴趣的公司和组织提供帮助。随后出版的第三期《信息报》上，管理协会明确表示对技术学院中与国家高等证书和学位或国家学位管理协会证书有关的三明治课程予以经费支持，并承诺给予企业一部分资助以保证三明治课程中的企业培训时段的经费投入，其中包括对企业内部员工的培训和使用企业培训设施的大学生培训，从而大大减轻了参加三明治课程学生实习安置的经费压力。

20 世纪 70 年代，英国成立了"三明治教育多科技术学院管理协会"。该管理协会成立后在多科技术学院中推广三明治教育模式，组织学校交流经验，同时为大家共同关心的如何为学生寻找合适的工作等问题提供建议和指导。这两个管理协会的工作得到了英国政府就业部下属的人事服务管理协会的大力支持。20 世纪 70 年代末，英国又成立了"三明治教育与培训教育协会"。作为全国性组织，该协会每年举行学校、雇主、学生之间的交流会议，出版反映三明治教育与培训发展动态的刊物，为学生和雇主牵线搭桥，提供及时有效的供需信息。在政府、产业界和学校的共同努力下，该时期的三明治教育得到了较快的发展。可见，三明治教育在当时已经得到了社会的认可。这一时期，英国高教界内外环境的众多变化使得三明治教育陷入发展困境。

英国政府采取加大投入等措施来助推三明治教育顺利度过危机时期，进入成熟发展阶段。进入 20 世纪 80 年代之后，英国政府实行大幅度削减大学经费政策，大学只得努力寻求与产业界的合作，高校和产业界的联系正是基于此得以加强。同期,英国人口增长迎来了"二战"后的高峰期,面对激增的大学入学人数,原本颇有余力的产业界已无力提供大量的实习就业岗位,但参加三明治课程的学生总数不断呈上升趋势,这就造成了学生顶岗工作的困难。

进入20世纪90年代,英国经济出现严重下滑,这让学生的实习就业安置工作雪上加霜,三明治教育面临着严峻的挑战。加大政府投入、吸引更多的企业提供学生工作岗位就成了三明治教育发展的当务之急。在这种情况下,英国出台了一系列政府白皮书,从政策导向和资金投入上加大了对三明治教育的支持力度。在政府助推产学合作的大趋势下,三明治教育进入了繁荣稳定期,已成为英国职业技术教育最高阶段应用最普遍的人才培养模式,具有相当高的社会认可度和国际影响力,成为英国吸引国际留学生的一大亮点。

进入21世纪,为促使高等教育成为凝聚国家竞争力、促进社会和经济创新性发展的核心单元,英国政府将助推产业界和学术界更为密切的合作作为政策制定的重心。英国政府以发展"世界级的技能"为主轴,出台了高等教育的改革方案。21世纪初英国教育与技能部颁布的白皮书《高等教育的未来》指出,我们的教育必须具备高度的灵活性,全日制课程、非全日制课程、三明治课程、远程课程都应该被包括在内,以顺应经济和社会的发展。目前,三明治教育在英国高等职业学校的发展相当广泛,英国大部分的高校都提供三明治课程供学生选择。

三明治课程按照入学和教学类型可分为以下4种:

①学生接受职业技术教育和工作训练的时间各为半年,交替进行。

②接受四年制课程的学生,两年接受正式学校教育,两年接受工业训练。

③在四年制课程中,安排学生第二年或者第三年到企业单位实习。

④在每年的教学计划中安排9个月的学校正式教育和3个月的实习,或是先进行一年的工业训练,接着实施两年的正式教育,再进行一年的工业实习。

纵观三明治教育的发展历程,它的出现始于技术院校对社会的需要的回应。三明治教育从未经认可的个别院校行为到产业界的积极响应和参与,从多科技术学院的特色培养模式到各种类型高等职业学校普遍实施的一种人才培养模式,在一百多年的发展历程中逐步由稚嫩走向了成熟。英国政府在三明治教育发展中的作用功不可没,在三明治教育发展的每一个转折点上都发挥了重要作用。在三明治教育的发展过程中,英国政府定位合理、措施有力。英国政府从引导者和管理者的角度出发,秉持"有所为、有所不为"的制度设计理念,从宏观层面入手,采取"顺时引、逆时推"这一规范监督和鼓励引导的双重策略,为三明治教育提供法律政策引导、教育费用投入和组织机构协调三重保障,从而为三明治教育的跨世纪高速和高质量发展营造了良好的制度环境,在助推三明治教育模式快速扩张的同时,保障了三明治教育的实施产教融合的水平。

第三节　美国的"CBE"模式

美国职业教育的实施机构主要是综合高中和社区学院,社区学院是美国职业教育体系的一大特色。美国职业教育具有大众性的特点,其职业教育主要是由学校或学院这种公共高等职业学校来承担,雇主参与职业教育的程度在美国一直很低,当然这与其职业流动性高也有一定关系。美国职业教育培训的人才是"宽专多能型",这与其社会特点相吻合。其培养模式主要是"CBE"模式,即"以能力为基础的教育(competency based education)",简称 CBE。该模式产生于"二战"后,现在广泛应用于美国、加拿大等北美的职业教育中,也是当今一种较为先进的职业教育模式。"CBE"模式的特点是学校以岗位群所需职业能力为人才培养核心,其实是坚持开放性办学,在人才培养过程中非常注重学生的实践能力培养,在教学师资上通过聘用企业技术高超、经验丰富的工程技术人员来解决并保证教师队伍中的实践教师比例,确保学生实践能力的培养。

美国的合作大学教育的主要模式是以大学为主,大学负责招生等相关工作,大学和合作的企业应合力商讨共同合作的相关教育教学计划,大学和企业应各司其职。能力本位职业教育(competence based vocational education,简称 CBVE)是美国高等职业教育的典型模式,其核心是 CBE 理论。概括地说,CBE 理论是以能力为基础,强调能力培养、能力训练的教育教学思想体系。以 CBE 为核心的能力本位职业教育是一种以满足企业需求为目的,以实际能力培养为主的职业教育。它以全面分析职业角色活动为出发点,以提供产业界和社会对培训对象履行岗位职责所需要的能力为基本原则,强调学员在学习过程中的主导地位,其核心是如何使学员具备从事某一职业所必需的实际能力。

一、CBE 模式产生的背景

(一)以实际能力为基础的教育于"二战"期间出现在美国

当时,美国急于生产军火,许多厂家民用转军用,不会从事军工生产的工人、技术人员需要进行再培训,时间紧,技能要求严,CBE 模式的雏形便应运而生了。

(二)经济发展需要

20 世纪七八十年代,教育部门更多地听取产业界的意见,满足他们对各类从业人员为适应分工日趋精准专业的岗位需要而进行培训和再培训的要求,为此产生了很多矛盾,这些矛盾促成了 CBE 模式的产生。

(三)CBE 模式的理论支柱可归纳为三点

一是系统论和行为科学,该研究认为在人的行为中起着至关重要作用的有人的需要、动机、信念、态度与期望;二是由美国教育学家布卢姆提出的"有效的教学始于准确希望达到的目标";三是教育目标分类理论认为"只要在提供适当材料和进行教学的同时,给予适当帮助和一定的时间,90% 的学生都能掌握规定的目标"。

二、CBE 模式的特点

第一,CBE 模式以从业能力作为教育基础、培养目标和评价标准;通过职业分析确定的综合能力作为学习科目;按照职业能力分析表所列出专项能力,由易到难安排教学。

第二,CBE 模式以能力作为教学基础,即职业能力分析表所列的专项能力按从易到难的顺序安排学习计划。

第三,以学生具有的职业经验和能力作为入学标准。

第四,在教学实施中,CBE 模式强调学生自我学习、自我评价,教师在教学中是管理者和指导者,以学生为中心组织教学,负责按职业能力分析表所列各项能力提供学习资源,编出模块式"学习包"和"学习指南",集中建立学习信息室。学生要对自己负责,按学习指南,根据自己的实际制订学习计划,学习完成后先进行自我评价,认为达到要求后再由教师进行考核。

第五,CBE 模式强调教学方式灵活多样和严格科学的管理。课程长短不一,随时招收知识掌握程度不同的学生,学生自己决定学习方式和时间,如全日制、半日制、个人、小组学习、听课或自学等,毕业时间各学生也不一致,易做到小批量、多品种、高产教融合水平。因学生入学水平、学习方式不同,且有相当程度的个性化,这就要求必须有一套严格科学的管理制度,才能最大限度地满足教学和发挥设备的作用。

三、CBE 模式的实施

CBE 模式实施的工作程序如下:

①职业分析。

②能力分析,从事某项职业或工作必须具备的各种能力(一般由 1~12 项综合能力构成),而每一项"综合能力"又由若干项"专业能力"构成,一个专项能力又由与职业相关的知识、态度、经验和时间 4 个方面组成。

③确定准入条件。

④知识性任务分析,确定学习掌握专项能力的知识领域。

⑤制定课程目标。

⑥安排学习任务。

⑦成就测验,包括 4 个方面:一是诊断性评价,测试学习者入学水平;二是形成性评价,为学习者提供反馈;三是终结性评价,检验能力是否被掌握;四是检验培训材料、培训过程、教师和培训者是否适合。

⑧笔试测验,检测学习者对以技能为基础的重要相关构想的掌握程度。

⑨开发学习包,根据所列的各项专项能力,开发出指导学生掌握各项技能模块的学习材料。

⑩试验,根据学生反馈和测试以及教学中出现的问题,改进学习指导材料,在此阶段解决和纠正教学中的所有问题和困难。

⑪开发学习管理系统,让学生根据自己的情况择时、自定、自调学习计划,按照不同顺序完成学习任务。

⑫根据教学需要确定、实施和评估课程方案,不断调整方案、修改内容,并对能力内容加以评估。

四、CBE 模式与传统职业教育模式的比较

CBE 模式和传统的以学科专业课程为基础的职业教育模式相比较,更加注

重系统科学的方法,把教学过程作为一个系统,注重投入、产出的过程,注重及时进行反馈调整。美国高等职业教育模式体现了以学生为主体的思想,CBE 模式重视个别化学习,以学生为中心,注重学而非注重教。在教学中承认学生的个体差异,为学生提供充足的教学资料、设施和时间,学生可以根据自己的基础和接受能力安排学习进度,选择适合自己的学习方式。学习内容、学习期限、学习计划、时间安排、进度、深度均因人而异。

美国高等职业教育模式中的培养目标体现以职业能力为本位的思想。CBE 模式教学培养的就是职业能力,它可概括为整个教学目标的基点是如何使受教育者具备从事某一特定的职业所必需的全部能力,即教学基础、教学目标、教学流程、教学策略和测评标准等的制定均与职业能力密切相关;它不仅强调职业技术教育要注重综合职业能力的培养,而且还特别强调关键能力的训练以及与他人合作能力的培养。美国高等职业教育模式中的培养是注重实践技能的培养。CBE 模式教学活动基本都是在实训课堂完成的,实训课堂从外观上看相当于实习车间,而且它们的设备、设施是符合时代要求的。CBE 模式教学注重实践技能的培养,并非排斥理论知识,而是以专业技能服务和"够用"为原则,根据岗位要求的能力确定传授理论知识的程度。与传统教学相比,CBE 模式教学要删除和压缩的只是陈旧的理论内容与课程,以便增加实践技能培养的时间。美国高等职业教育模式中的条件是注重校内外教育教学资源的整合。CBE 模式注重整合教育教学资源是由其培养目标决定的。CBE 教学的着眼点是培养学生的职业岗位综合能力,而能力的培养,要求必须具有相应配套完善的实验及实习设施和场所、完善的教学条件、现代化教学手段,各专业学校必须建立实验室、实习厂(场),让学生进行操作,通过对学生的初步训练,培养其实际工作能力。同时,CBE 教学部门与社会有关业务部门建立长期稳定的协作关系,为学生提供从事实际工作的机会,从而达到进一步培养学生职业岗位能力的目的。

美国高等职业教育模式注重师资队伍建设,对从事高等职业教育的教师任职资格都有严格的标准,要求教师具有教育家、专业技术人员、熟练工人三种职业所需的素质与能力。同时,对从事职业技术教学的教师提出了更高要求,教师不仅要完成教学任务,而且应有学校管理、组织开发、处理与外部培训企业的关系等各方面的能力。

在 CBE 教学中,教师起的作用是指导、判断、建议和评估。教师要考虑教学计划的制订,教学方式要从以课堂讲授理论为主,转变为亲自示范、指导学生、培养学生的能力为主。教师经常进行科研活动,有自己的实验示范基地,并坚持到生产一线去指导实践,在实践中不断提高自己的动手能力。

第四节　日本的产学融合模式

目前,大力发展职业教育成为各国提升国家竞争力和实现社会稳定的重要战略。中国应充分学习和借鉴世界各国的先进技术和经验,以更加开放的姿态融入国际职业教育改革发展中。以下就日本职业教育促进产业发展的经验及举措做分析探讨。

日本从 19 世纪 70 年代东京"工学寮"建立始,进入了现代职业教育阶段。一个多世纪以来,日本职业教育取得了长足发展,特色突出,发挥了国家经济腾飞助推器的作用。日本职业教育系统的立法,让职业教育有法可依、有章可循。

19 世纪 90 年代末颁布的《实业学校令》是日本第一部职业教育法令。20 世纪 10 年代至 20 世纪 40 年代实施《工厂法施行令》,指出要对雇佣人员进行教育培训。20 世纪 40 年代颁布的《教育基本法》,对劳动基准和职业训练目的等做出规定,这一时期还颁布了《职业安定法》。

20 世纪 50 年代颁布的《产业教育振兴法》,是"二战"后日本一部比较全面的职业教育立法。20 世纪 50 年代颁布实施职业教育的基本法——《职业训练法》,为工业以及其他行业培养拥有技能的从业人员,在寻求职业安定和人才地位提高的过程中,使经济得以发展。除此之外,随着产业结构和经济社会变化以及职业教育发展的需要,日本还陆续出台了其他诸多相关法律,保障了职业教育的持续发展。日本职业教育为其产业结构调整提供了人力、智力支持,有力地助推了经济的发展。"二战"结束时,日本经济受到严重影响。

尽管这段时间三次产业结构并没有明显的变化,但随着经济总量的高速增长和生产规模的扩大,产业界对技术人员的需求大大增加。经济的发展变化对职业教育提出了新的要求,20世纪50年代中期到70年代中期,职业高中在校学生构成中,第一产业的学生数基本维持不变,而第二、第三产业的学生数持续增长。在此期间,日本职业教育很好地适应了产业发展的变化,满足了经济高速增长对人才的大量需求。20世纪初,日本职业教育的形式以学校教育为主,主要有徒弟学校、实业学校、实业实习学校、专修学校、实业专科学校等,当时的职业学校已达500多所,在校生75000人,为日本工业崛起提供了技术人才支持。由于20世纪70年代日本的重化工业受到世界石油危机的严重冲击,20世纪80年代日本产业进入新一轮结构调整,走技术立国的经济发展战略,逐渐将产业结构由重化工业、汽车制造业等向金融、电子通信、生物工程、医药保健、新能源等产业转化,相应地,各职业教育学校也逐渐开设相关专业。日本将原来的综合学科分解为若干小学科,如把商业学科细分为经理科、事务科、信息处理科、秘书科、营业科、贸易科等。日本职业学校以私营学校为主,一般在800人以下,但其办学的灵活性与多样性、课程设置的实践性和针对性以及严谨的治学精神培养的学生很好地契合了当地产业的发展,为产业界输送了急需的各类专门人才。日本职业教育办学主体多样,除了职业学校以外,企业非常重视根据自身需求进行职业教育。

日本的《职业能力开发促进法》规定了企业对人才自发的、有计划的能力开发负有积极支持的责任和义务。日本企业对员工实施职业教育的投入很大,企业对员工进行职业规划,支持员工参加各种职业教育培训,以提高员工的生产技能和管理水平。这种企业职业教育是受企业和产业需求驱动而形成的一种职业教育模式,极大地提高了日本的社会劳动生产率,促进了日本经济的发展。产学合作是日本职业教育的典型特点,日本通过此方式培养出了大批高级实践型人力资源,对经济恢复和振兴发挥了重要作用。日本出台了《大学等技术转化促进法》,对高等职业学校研究成果如何尽快地向企业转化,促使日本产业结构的调整做出了详尽的规定。

日本企业为了获得所需的技术人才和科研服务,积极地与学校合作,而专门学校为了提高就业率、办好教学,也加强与企业联系,这样最终形成了用人单位和高校互利互惠的良性循环。产业界与学校在人才培养上充分合作,一方面,企业为学生提供奖学金,学生毕业后到企业工作,而企业也选派员工到学校参加进修和培训,再返回企业工作;另一方面,企业人员可以受聘于学校,进行讲学或实验指导,学校的老师也兼任企业的相关职位,对企业发展提供智力支持。此外,日本还设立了学术振兴资金、科研费补助金等,对产学合作项目给予一定的资助,学校可接受企业的委托或与企业一起从事相应项目研究工作,并快速、便捷地将科研成果转化为生产力。日本通过实施职业教育与普通教育等值发展体系建设,从根本上提升了职业教育的地位。同时,日本也是世界上最早提出终身教育理念的国家之一,注重从学校进入社会后的教育与培训,如通过企业主办的职业教育、社会主办的职业教育、通信教育、自发的学习会或研究会等来更新知识和技能。这种职业教育多由企业提供,从初级培训到提升培训,分为不同的等级,以保证员工素质不断提高,适应新技术的应用和企业发展的要求。

20 世纪 90 年代,第 19 届东京都产业教育审议会发表的《关于在终身学习社会期待的职业教育》咨询报告中提出,要构筑终身学习社会,把走上社会后的学习作为人生体系的重要一环。这一系列的法律规章和权威报告,有力地助推了终身职业教育理念的普及。除此之外,日本还通过职业资格认证体系来提升职业教育的社会地位和鼓励发展终身职教事业。

第三章 职业院校混合所有制理论基础

第一节 高职院校混合所有制相关概念

一、核心概念的界定

(一)混合所有制

混合所有制的概念最早是在"混合经济"的基础上发展起来的,资本主义通过混合经济模式弥补传统市场经济的不足和弊端。依据《牛津经济学词典》中关于混合经济的描述,混合所有制就是介于"自由市场经济和计划经济之间的一种经济制度"。

从微观角度来理解混合所有制,即对实施混合办学的高职院校进行研究,研究其内部的资本构成,在高职院校的资本既包含公有资本又包含非公有资本的情况下如何运行和管理。各投资主体实现了资本在高职院校内部的混合,那么如何协调好不同所有者之间、所有者与参与者之间的利益冲突和矛盾、寻求相关利益主体的共赢就成为改革实践的重点。

(二)办学体制

"办学"最初是兴办学校的简称,指通过筹集资金,整合人力、物力、财力等多项学校运行所需的资源,从而开展相应的人才培养、文化建设、学校管理等一系列活动的行为。随着学校举办、运行管理等行为的日益普遍和规范化,"办学"一词的内涵也发生了变化。如有学者提出"办学"包括了"办"和"管"两个方面。前者即为投资兴建学校的主体开展的兴办或举办学校的行为;后者是从学校内部视角出发,指学校的直接管理者和运营者(如校长)对学校的日常事务和运行情况实施管理职能,如设置课程、开展教学、管理教师等具体事务。同时,"体制"本身是用来规范人们活动的各种行为准则、规章制度的总和。其主要特征是反映国家意志、由统治阶级决定、对具体的事务进行限制和约束,从而决定其发展方向和走向。从管理学角度看,体制主要涉及制度体系、组织体系、管理体系三个系统的衔接与相互作用,是一个由几个子系统密切互动的有机整体。"在此基础上,有学者认为,办学体制是指举办某种层次或某种类型的学校整合不同行动者各自拥有的资源、能力、意愿和资格"①。其目的在于通过制度的制定引导或允许办学中的关键要素有机地组合,从而提升办学活力。

公办高职院校的土地、教学设备等资产归国家所有,学校享有使用权,同时每年能获得国家下拨的教育经费,其特点是教学设施、办学经验和师资队伍等办学基础条件较好,但缺乏灵活性;民办高职主要由个人、民营企业或社会团体等出资办学,具有较强的灵活性和市场适应能力,但往往缺乏科学的管理制度,且功利性比较明显;联合办学是职业院校同企业、乡镇、学校、部门等不同单位进行的合作教育,形式多样,其特点是整合和吸收了不同主体的资源和特征,但由于主体动机的差异性,参与方在人事、财务、教学、管理等方面容易产生矛盾。有学者从董事会视角探讨了董事会管理模式对高职多元化主体办学的可能性,以及在推动校企深度合作等方面产生的意义。学者通过实证分析发现,举办者不同的高职院校在校企合作水平上存在差异,由企业参与举办的高职院校校企合作水平要比其他类型的院校高。寻求办学体制的创新主要应关注办学行为的参与方,使得与人才培养工作紧密联系的各利益相关方都能够深度参与人才培养过程,并形成良好的互动机制,提高人才培养质量。因此,办学体制机制创新的内容应当包括明确办学行为参与方、参与方式、参与平台、利益分配机制和激励机制等。②

高职院校的混合所有制办学是由不同的所有制在高职院校内部以资本为纽带进行的组合,是将国有资本、集体资本、民营资本、外资资本等不同性质的资本进行融合,通过不同产权主体的介入和完善办学体制的构建来实现人才培养目标,办学过程中的多种资本的融合和多元主体的存在是其主要特征。高职院校的混合所有制不只是一种形式,而是不同性质的资本的"多样化组合"。本书讨论高职院校的混合所有制办学体制时主要关注举办者的定位和权益、相关

① 郭建如.高职教育的办学体制、财政体制与政校企合作机制:对浙江省高职教育资源获取的制度分析[J].高等教育研究,2015(10):56-63.

② 金鑫,王蓉.高职院校办学主体差异与校企合作水平的实证分析[J].高等教育研究,2013(2):50-56.

者的利益诉求,以及由此产生的一系列产权归属、管理权限分配、办学收益划分等问题。

（三）利益

《牛津法律大辞典》中将"利益"解释为:个人或个人的集团寻求得到满足和保护的权利请求、要求、愿望或需求。利益是由个人、集团或整个社会的、道德的、宗教的、政治的、经济的以及其他方面的观点而创造的。曾经,人们对"利益"的态度都是"十分苛刻"的,它与"理想""目的"一样都是人类追求的动力,但却具有更多的"利己性"和"排他性",使得人们对利益的追逐只是从自身角度出发产生的"需求";它与"金钱""名誉"一样都是外在的和可分割的,可"利益"的背后却包含着人与人之间的"相互关系"和"理性"。当今社会,无论是理论还是运用层面,对"利益"的探讨和使用都是十分丰富的,因此,对利益的讨论也将更客观、更深入其本质。正如马克思所认为的,利益就是人们受客观规律制约的,为了满足生存和发展而产生的,对于一定对象的各种客观需求。[①] 这一对利益的理解则更为全面和客观,一方面,利益范围广泛,包含了人类所有类型的追求和需求;另一方面,利益本质上是不同主体之间相互关系的体现。处理好不同主体之间的利益,就是协调好各类主体之间的相互关系。本书所要探讨的"利益"也正是基于高职院校在办学过程中所涉及的不同利益主体的不同利益追求,通过不同利益追求的分析,试图寻找出协调其利益关系的路径和方法。

第二节　高职院校混合所有制的利益相关者

高职院校混合所有制办学涉及的利益相关者较多,利益相关者理论对于高职院校混合所有制办学实践有着较强的解释性。利益相关者理论可以剖析混合所有制办学中的困境,并指导混合所有制高职院校更好地探寻科学发展路径。

一、利益相关者理论的基本概念

利益相关者是指任何一个影响公司目标完成或受其影响的团体或个人。

---

① 马克思,恩格斯.马克思恩格斯全集:第6卷[M].北京:人民出版社,1961:291.

该理论主旨为通过利益相关者的甄别,以利益相关者的权益与特征为依据,分析组织与利益相关者之间的关系,分析过程包括理性层面、程序层面和交易层面。利益相关者理论主张:一是所有受企业影响的利益相关者都有参与企业决策的权力;二是管理者负有服务于所有利益相关者利益的信托责任;三是企业的目标应该是促进实现所有相关者的利益而不仅仅是股东的利益。

二、利益相关者理论在高职院校混合所有制办学中的应用模式

(一)高职院校混合所有制办学中利益相关者的甄别分类

按照相关主体参与高职院校混合所有制办学的程度、亲疏关系和利益获取程度,可以将高职院校混合所有制办学相关利益者分为核心利益相关者、间接利益相关者和边缘利益相关者。核心利益相关者是高职院校混合所有制办学关系网络中处于核心地位的主体,对办学模式决策和办学效果起到决定性作用,包括资本投资方、高职院校、教师和学生四个主体,其中资本投资方和高职院校利益关系最为紧密,是办学中最重要的决定主体。间接利益相关者处于核心利益相关者与边缘利益相关者之间,对混合所有制办学的决策产生重要的导向作用,主要包括政府和行业协会两个主体。两个主体通过政策法规、资金保障、监督评价和制定行业岗位标准、人才质量标准、人才培养标准、课程实施标准等对混合所有制办学产生影响并起到导向作用。边缘利益相关者在混合所有制办学中的参与度偏低,处于关系网络的边缘地位,主要包括学生家长和社会公众。尽管他们参与混合所有制办学的程度低,但却起到了明显的调适作用。

(二)各利益相关者参与高职院校混合所有制改革的动因分析

1.核心利益相关者的动因分析

包括企业在内的社会资本参与高职院校办学,可以通过资本投入获取办学收益。高职院校通过混合所有制,可以依靠产权、股份收益来维系校企合作关系,形成命运共同体,促进社会资本投资方与高职院校的深度融合。在办学中,高职院校可以帮助资本投入方解决人才供给、减少员工培训成本,实现学生专业技能与企业岗位需求的零距离对接。

2.间接利益相关者的动因分析

高职院校办学的主体主要是政府,办学宗旨主要是为区域经济社会发展提

供技术技能人才,满足地方经济社会发展需要。混合所有制办学,可以解决政府资金投入问题,促进职业教育投入的多元化,有利于调整教育结构和人才结构,促进政府公共管理职能的转变。混合所有制办学改革,可以促进校企深度融合,强化企业与职业院校的沟通。行业协会也可以通过"政行校企"多元合作,科学制定行业岗位能力标准、人才培养标准、课程实施标准等指导性文件,引导高职院校的专业建设和课程建设。

3. 边缘利益相关者的动因分析

家长和学生的利益诉求具有统一性,混合所有制办学有利于促进学生全面发展,提高学生的职业发展能力和就业创业能力,这些都吻合家长的诉求。相对而言,社会公众对高职院校混合所有制办学的影响是比较抽象和宽泛的,但混合所有制办学改革实践的成效可以让社会公众提升对高等职业教育的认知度和认可度,为高等职业教育营造良好的发展空间,获取更多的社会支持。

三、基于利益相关者理论的混合所有制高职院校办学困境分析

(一)教育公益性与资本逐利性的矛盾

职业教育属于公共产品的性质,决定了职业教育具有明显的公益性。而作为资本的投入方,行业企业参与高职院校办学都会在一定程度上带有资本的逐利性质。高职院校虽然可以进行部分的资源配置,但不能改变其非营利性的性质。高职院校在专业设置、人才培养、课程体系、师资队伍建设等方面必须为区域经济社会发展服务,要考虑地方发展的全局。可见,高职院校混合所有制办学中两个核心利益相关者的公益性和逐利性矛盾是明显的。混合所有制改革中的投资比例、法人主体性质的界定,使得高职院校混合所有制改革后的事业单位性质属性的归属和转化成为巨大的困境。

(二)高职院校混合所有制改革的内生动力问题

高职院校混合所有制改革的利益相关者虽具有参与办学的动因,但内生动力不足。社会资本投入教育产业更多关心高职院校资本的保值增值和获取独立的办学权限,关注资本的盈利可持续性,而高职院校担心社会资本的注入会将其逐步推向市场,参与教育市场竞争,害怕承担风险。高职院校教师担心进入混合所有制院校后改变自身事业单位工作人员性质,取消事业单位编制,丢了"铁饭碗"。学生进入混合所有制学院要缴纳高于普通高职院校的学习费用,

对教学质量和就业保障缺乏了解和信心。对于新的办学模式,政府在制定相关政策时还没有多少经验,政府的制度和机制的不完善或不合理将制约混合所有制办学的实践。

(三)混合所有制高职院校的治理问题

社会资本参与高职院校,形成了投资主体多元化和利益多元化的局面,让人们产生了混合所有制高职院校姓"民"还是姓"公"的疑惑。混合所有制办学既不能按照公办院校的固有管理方式进行治理,又不能按照民办院校的管理制度进行管理。为了能在公办院校品牌知名度、师资、办学经验、稳定的财政支持的基础上,充分发挥混合所有制在办学、收费、人事制度、薪酬绩效等方面的优势,混合所有制办学必须解决产权结构公私二重性问题,建立健全合理的法人治理机制和现代学校管理制度。合理的高职院校混合所有制办学改革治理机制是改革有效开展的基础和保证。

(四)高职院校混合所有制办学的风险管理问题

对于参与办学的企业来说,其投入风险主要表现在资本投入后的收益保障、办学中的主体地位保障、利益分配、增资扩股、产权退出等;对于高职院校来说,面临的主要风险是国有资产流失、办学主体地位保障、进入市场化竞争的风险等;高职院校教师更在意的是事业单位身份、职称晋升、待遇等;高职学生主要面临学费增加、享受的教育服务质量的保障、受教育权的维护等问题;政府更关心混合所有制办学的资本投入准入、办学效果评估、规范管理、国有资产流失、教学质量保障、管理依据缺乏等问题。所有这些,都需要各利益相关者通过健全制度、规范管理等手段予以规避。

四、利益相关者参与高职院校混合所有制办学的有效路径

(一)凸显核心利益相关者的主导作用

混合所有制办学中各利益相关者的基本利益是一致的,只有增强改革意识,大胆创新,凸显核心利益相关者的主导作用,才可能快速推进混合所有制办学改革的健康稳定发展。投资方与高职院校探索建立所有权和经营权分离的信托管理机制、股东合议机制、受益保证机制等相关管理机制,能够降低投资风险,争取取得经济效益和社会效益的最大化。相对而言,高职院校是混合所有制办学的主导力量,高职院校在混合所有制办学中要维护办学主体权利,围绕

人才培养的改革目标,保证办学方向。高职院校既要坚持办学中的教育公共属性,又要灵活应对教育发展的新形势。教师与企业技术专家的互派与交流,可以促进校企文化融合,建设高水平教学团队,创新人才培养模式,提升人才培养水平。高职教师要利用校企合作的契机,深入企业,提升实践教学水平和社会服务能力。高职学生也要在新的办学体制下,尽早了解企业的岗位需求,找准职业发展定位,积极养成职业素养,培养符合社会发展需要的技术技能。

(二)明确间接利益相关者的导向作用

政府与行业协会是高职院校混合所有制办学的两个间接利益相关者。近年来,我国政府积极推动职业院校混合所有制改革,政府的有效政策引导,为职业教育改革与发展扫清了"障碍"。各级政府要明确职责,做好调研,制定扶持政策,释放政策红利。政府应厘清管理责任,加强监督,保证混合所有制办学的健康、规范、有序发展。行业协会是高职院校混合所有制改革的辅助者和规范者,应积极成为高职院校与企业合作的桥梁与纽带。行业协会要提高服务能力,参与高职院校课程标准、人才培养标准、行业岗位能力标准制定,促进高职院校人才培养符合社会发展需要。

(三)发挥边缘利益相关者的调适作用

在高职院校混合所有制办学实践中,家长、社会公众等边缘利益相关者的调适作用不容忽视。家长和社会公众的积极参与,可以及时将高职院校办学效果予以反馈,通过一定的渠道为高职院校办学提出科学合理的意见和建议。高职院校通过加大宣传与积极引导,推动社会公众参与混合所有制办学,为院校的发展出谋划策,可以有效促进混合所有制办学健康、有序开展。

高职院校的混合所有制办学改革,不论是在理论层面还是在实践层面,都是一个全新的事物。高职院校只要坚持混合所有制办学的教育属性和育人导向,以培养高素质技术技能型人才为根本目的,不偏离改革主线,就一定能为国家和区域经济发展提供更多高素质的技术技能人才,成为实现社会主义现代化建设的新动力。

第三节　高职院校混合所有制的类型与共性

一、混合所有制高职院校的类型

（一）依据办学资金的构成及其功能分类

高职混合所有制改革实践专家单强依据不同性质的办学资金的构成及其功能将混合所制的高职院校分成了公立民办、公立民营、民办公助以及其他形式的"小混合"等四种形式。① 这种分类考虑了两个因素，一个是主要发起者或管理单位的性质，另一个是具体的办学性质界定。

公立民办型指的是主要发起者或管理单位为公共主体，公共主体依据地区经济发展和产业发展状况，对人才需求做出相应的分析和预测，提出设立高职院校以满足产业发展对技术人才的需求。公共主体发起后，吸引各方出资者的加入，加入的出资者可以是性质不同的各类资本，可以是集体经济或私营单位或是个人。不同主体将根据出资份额作为学院股东参与相关收益的分配。虽然资本以民间投资为主，部分管理团队参与，实行董事会领导下的院长负责制，但总体而言，政府的引导力依然很强。

第二类属于公有民营型。这一类型定位为"公有"，主要是因为资产归属权属于国有资本，即由原来的国有资产进行相应的转型和改制而形成的。资产是国有的，性质是"民营"，是因为其具体的办学经费往往由学院自筹。

第三类属于民办公助型。"民办"体现在发起人、出资者最初都是民营企业或私人资本，发展过程中相应的地方政府主管部门进行了再次入股或改制，使其具有了"公有"的性质和背景。

最后，还有一种因为内部构成比较分散、组合更加多样化一些，所以被称为"小混合"模式。这种模式基本上没有改变高职院校自身的总体办学性质，主要是在高职院校下设的学院或系部开展改革和混合。高职院校内部的二级学院或系部根据自身专业发展方向和人才培养主要目标，与地区有影响力的企业进

---

① 单强.高职院校混合所有制改革的路径与政策建议[J].唯实,2017(7):31-33.

行合作办学。这种模式不影响高职院校原有的办学性质,二级学院开展的"小混合"与企业的合作更具有灵活性,因此也被称为校企合作的"加强版"。这一分类方法,考虑了混合所有制高职院校中不同性质办学资金的构成及其功能,但是没有将校级的混合改革与非校级的混合改革进行区分,仅从类型名称上无法看出不同资本在高职院校中的地位或者份额,而"公立民办""公有民营"和"民办公助"也不容易被区分和辨别。

(二)根据具体构成成分的分类

这种分类方法比较直观和简单,从其命名中就可以了解混合的构成主体。国内目前的高职院校中,有80%的院校办学主体具有公有性质。因此,以公办高职院校为主体,进行不同性质资本之间的合作和混合是常见的形式。学者阙明坤[1]、李云等在相关的讨论中就使用过这种分类方法。常见的类型见下表。

表 3 - 1　混合所有制高职院校按照构成成分的分类

主体视角	合作对象	合作资本性质
公办高职院校	民营企业	民营资本
	国有企业	地方政府或国有资本
	民办院校	民营资本
	外资企业	外商资本
	非营利组织合作	集体经济性质或其他资本

从表 3 - 1 中可以看出,如果按照主体界定来看,以原有"公办高职院校"为基点,根据不同的合作对象来界定不同的混合形式,如公办高职院校与民营企业混合、公办高职院校与外资企业混合、公办高职院校与民办院校混合、公办高职院校与地方政府或国有资本合作等多种形式。公办高职院校与民营企业混合,就是已经运行的公办高职院校因为发展的需要,吸引民营企业的投资,公办高职院校与民营企业根据出资所占份额占有相应股权,合作者协商完善相应的管理制度。这种混合所有制的教育模式,不仅促进了职业院校的发展,最终也实现了软件示范学院的建立。公办职业院校与外资企业的混合,就是引入的资本中有来自国外或境外的资本,合作方根据出资或入股协议履行各自相应的职

---

[1] 阙明坤,潘奇. 发展混合所有制职业院校初探[J]. 职业技术教育,2015(4):40-44.

责,享受相应的权利。

公办高职院校与民办院校的混合一般是为了实现办学管理的规范化和高效化,实际上是一种教育资源的再分配。性质不同的两所院校混合时,涉及办学的方方面面,如管理模式、师资队伍、招生宣传等各个环节都需要有政府主管部门的政策支持和相应协调。① 如某民办职业院校委托管理公办的职教中心,职教中心的投资渠道、规章制度以及学校名称等都不会发生改变,而民办职业院校会通过管理团队,与职教中心共享管理模式、教学资源,形成了一个多元化的产权关系,不仅确保了国有资产的价值,也提高了公办职业院校的办学动力和效率。公办院校与地方政府或国有资本的混合,高职教育的人才培养目标决定了其在整个教育体系中的作用,也决定了其对经济社会发展的推动力。无论对于地方政府还是国有资本来说,高职院校的大力发展都不仅能为地区经济发挥人才供给和支撑作用,也能为具体的企业带来技能技术的创新。因此,许多地方政府或国有资本也十分乐意开展与高职院校的合作。一般地方政府或实力雄厚的国有企业投入大量资金,开展高职办学的基础设备、实验实训设施的建设,公办院校承担日常教学、师资队伍建设和相应的管理工作。不可否认,由于地方政府的公益性初衷或国有资本的社会责任初衷,这部分院校的投入力度往往较大,发展过程中也更关注长期利益,发展趋势良好。但是,以公办为基点的分类,只能说涵盖了大部分混合高职院校的类型,并没有将原有民办高职院校改革的类型纳入其中,这是这一分类方法存在的不足。

(三)依据混合所有制的实现方式进行分类

这种分类方式与第二种分类相比,没有考虑混合改革之前的院校性质,主要关注的是混合的具体实现方式,通常包括:一是公办高职引入社会资本,这种方式以公办院校为基础,引入的社会资本形式较多,可以引入民营资本、外资、个人投资,也可以是其他公有资本等。从调查研究来看,许多高职院校开展的混合所有制改革有很大一部分都可以纳入这一类。通过引入不同性质的资本,可以摆脱传统高职院校办学模式僵化、办学活力缺失的束缚,通过混合之后的高职院校能够调动各方参与人才培养的积极性和有利资源,适应市场变化对人

---

① 李云.混合所有制职业教育的模式分析与构建策略[J].轻工科技,2017(11):159－160.

才提出的新要求。如随着教育国际化趋势的日益显著,寻求国外资本的加入,通过提供资金、技术、管理等多种形式参与合作办学,能够吸收和借鉴国外已有的经验,顺应时代发展趋势。也有的院校采取分工投入、协作管理、收益共享的方式开展合作,如由公办院校基本保留原有的教学和管理团队,引入的社会资本负责投资建设,对院校的硬件设施、实验实训设施进行总体规划布局和分批投入,共同协作、分享收益。二是民营高职引入国有资本方式。传统的民营高职院校通常具有顺应产业经济发展趋势、办学灵活等优势,但也存在着办学过程中追逐利润、依赖学费、师资不够稳定、关注短期利益等现象,因此,如果能适当引入国有资本,则能扬长避短,既保持办学灵活性和活力,又关注规范办学和长期发展。三是公私合作伙伴关系办学模式,也被称为 PPP 模式,主要是政府和市场组织、非政府组织和个人合作提供公共产品的制度设计,通过政府部门与社会资本的分工合作、利益共享来提升社会发展所需公共产品的服务质量和水平。教育领域,尤其是职业教育领域的公私合作是这一模式的最新应用,即政府出于不断提高公共产品的供给能力,寻求与社会资本的合作,形成一种利益共享、风险分担的长期合作关系。[1] PPP 模式既具有体制机制上的优势,又有改进办学条件的现实需要,可以利用社会资本承担新建校园项目的设计、建造、运营,是实行混合所有制办学的一种有效途径。如对于经营收费难以覆盖投资成本的建设项目,对于缺乏使用者付费基础的实训基地、教师公寓等非经营性项目,可以根据情况采用建设—拥有—运营(BOO)、转让—运营—移交(TOT)、改建—运营—移交(ROT)等具体模式,利用社会资本,弥补办学经费的不足。这种分类方式既考虑了混合前的高职院校基本性质,也区别了混合的实现方式,但是又过于粗糙,不利于具体分析。如公办高职引入社会资本,从命名上能了解混合前的院校性质,但具体引入的社会资本是什么性质,是民营资本、外资还是个人投资,无法看出。

此外,有学者根据高职院校的混合时间和范围,将混合所有制高职院校分

---

① 姚新.关于发展混合所有制高等职业院校的思考[J].武汉船舶职业技术学院学报,2017(3):1-4.

成原发混合、后发混合以及二级学院混合方式。① 原发混合即一开始就由不同投资主体举办的院校混合所有制办学,如苏州工业园区职业技术学院、海南职业技术学院等;后发混合则是原先为公办或民办职业院校,在之后的发展过程中实现的院校混合所有制办学,如南通紫琅职业技术学院(现为南通理工学院);二级学院的"初步混合",如杭州职业院校的电梯实训基地等。第三种根据是否涉及实质性产权以及涉及程度还可以分为涉及实质性产权的"真"混合所有制形态(如股份制教育公司、独立学院等)、半产权性质的"类"混合所有制形态(如二级学院和中外合作办学)以及不涉及产权的"泛"混合所有制形态(如PPP模式共建、委托管理等)。

(四)依据混合的层次和主要资本性质的分类

上述这些分类有助于我们从不同的视角出发,加深对不同类型的混合所有制职业院校办学的理解。"组合"方式虽然千变万化,但有些方式下的办学存在着一定的共性。因此,本书根据对问题的分类和总结,将主要参考第一种分类,同时补充这一分类中有遗漏的部分。根据先分层次、后分类型的方式进行混合所有制院校的分类,将国内混合高职院校分为两个层次的混合,第一层次是校级层次的混合方式,目前对高职院校混合所有制改革的争论和研究大多集中于这一层次,在这一层次基础上再进行细分。对于该层次下的混合所有制高职院校将根据混合后主要资本的性质,即在具体份额上占优势的资本性质,分为两大类:公有资本为主和私有资本为主。第二层次是院、系层次的混合,主要有混合制二级学院以及以项目合作方式展开的混合办学。第二层次的混合因涉及面和范围较小,在实践中被广为推崇。

二、混合所有制高职院校的共性

对高职院校开展的混合办学改革是国内高职教育发展过程中的又一重大突破。这一突破将解决高职院校发展过程中长久以来的困惑和难题,能够最大限度地激发不同资本所有者的积极性,规避单一办学主体下的体制弊端,为高职院校的发展带来新气象、新活力。同时,高职院校的混合办学也是一个新事物,具备有别于一般院校的特殊属性。探讨混合所有制高职院校具有的共性,

---

① 陈春梅. 近三年来我国探索发展混合所有制职业院校研究述评[J]. 中国职业技术教育,2017(12):35 - 41.

将有助于我们更好地理解多样、复杂的混合高职的办学体制。其共性主要体现在教育的公共性不变、非公有资本的获利性不变、产权结构的多元化特征显著等方面。

（一）教育的公共性不变

任何性质的高职院校都以人才培养作为首要任务，人才培养是一项长期的社会任务。教育的公共性是指通过教与学的具体活动为社会发展带来意义。从教育过程来看，具体的教育过程能陶冶情操、传递知识等，有助于教育者的心智健康成长；从教育的结果来看，教育是人类社会不断前进的必要方式，通过教育能够使得人类社会朝着更加文明的方向发展。高职教育作为教育的一个重要组成部分，其公共性不应随着资本性质的变化而发生改变。混合所有制高职院校在实现办学目标、科学运行和治理的过程中，也不断体现着教育的公共性。美国学者斯特恩说过，"古典经济学家和现代经济学家都没有将教育看作是由市场机制控制的纯粹的私人事务"。[①] 例如，高职院校为社会培养更多的高技能人才，满足经济发展的人才需求，作为教育对象的一部分社会公众从中受益，并通过个体直接或间接影响着教育对象所生活的家庭、社区、地区甚至整个国家，从而使得高职教育在人才培养方面取得的成果为整体社会发展带来促进作用；高职院校作为高技能人才培养的摇篮，必然也会带来知识、技能的应用与创新，技术的应用与不断创新一旦实现转化，将会大大提高社会的总体生产水平，并产生可观的经济和社会效益。也正如美国学者古尔德所说，"知识不仅是一种道德或文化力量，更是一个在技术导向经济里的新产业孵化器"。[②] 高职院校的活动主要是为了促进学生的发展，这一教育过程本身具有复杂性、长期性和一定的模糊性，追求的目标也是在社会公益性最大化前提下的经济利益的适度回报。而不同性质的企业或其他实体主要为了获取利润，其过程和结果都可以通过具体的量化指标进行衡量，目标在于经济利益的最大化，同时兼顾公益性。可以说，高职教育的公共性特征通过履行其教育职能得以实现，不能因为混合所有制的实施而简单地套用企业以追求盈利为主要目标的模式，高职院校

---

① 斯特恩,陈小红. 从经济学角度重新审视美国教育的公共目的[J]. 教育与经济,2006 (2):1-5.

② 古尔德. 公司文化中的大学[M]. 吕博,张鹿,译. 北京:北京大学出版社,2005:26.

以育人为主的公共性特征是任何所有制都不能改变的"初衷"和"本性"。

（二）非公有资本的获利性不变

"资本"在人类一切经济活动中发挥着重要的作用,被看成是一种最重要的生产要素。广义的资本包含了人类所创造的一切物质和精神财富所体现的所有生产要素。它历来也是经济学家和政治家们争论的一个焦点问题。马克思把"资本"看成是在特定生产方式下"占统治的范畴""起决定作用的生产关系"。资本具有增值性和流动性。增值性指资本是通过参与到不同的生产和服务的过程中来实现保存自己并不断增值的商品或货币。马克思指出:"资本只有一种生活本能,这就是增殖自身,获取剩余价值,用自己的不变部分即生产资料吮吸尽可能多的剩余劳动。"资本在追求利润的过程中常常具有"力图超越自己界限的一种无止境的和无限制的欲望"。①

企业家并不以直接获得商品或服务为目的而进行生产活动,而是为了在付出资本的基础上,获得更多的资本。资本通常需要参与到实际的生产或服务过程中,通过资本转换为不同形式的生产要素,然后通过流动完成生产目标、为社会带来生产力的提升。混合所有制不是一种形式的所有制,其内容是不同性质的资本或所有制形式的"自由组合"。非公有性质的资本经过重新组合后,自身的性质和利益追求必然要通过组合后的总体运行有所体现;通过不同性质资本的组合而开展的具体教育活动,不应因教育公共性的特质而改变其获利性的本质;非公有资本的属性也不应被忽略或"遏制"。但是这种获利性不是无条件的、无约束的,需要建立在规范契约的基础上,在不忘教育公共性的前提下,考虑不同出资者的投资回报与利益。

（三）产权结构的多元化特征显著

与纯粹的公有资本或非公有资本性质高职院校不同,混合所有制高职院校包含的资本是多元化的,由两个或更多的涉及不同所有制性质的主体对教育领域进行投入,可以来源于国有企业、政府部门、私营企业、基金组织、外资企业或个体等,可以是资金、土地、设备、房屋建筑、技术、人力资源等多种形式。相应地,多元办学主体下的产权结构也必然是多样化的。投资各方按照投资额度的

---

① 马克思,恩格斯.马克思恩格斯全集:第30卷[M].北京:人民出版社,1995:297.

大小进行权力分配,决定享受的权利大小和分配份额,参与、组建起相应的治理机构,进而参与学校决策管理及其他事务。产权主体的多样化使得高职院校突破原有的行政层次的管理模式,通常采用董事会领导下的校长负责制,董事、校长以及专设的监事会三权相互制约的机制,以此来保证混合办学工作的高效运行,最终实现以投资者为主的权益,从而调动混合办学下各投资主体的积极性,挖掘其潜力,实现多方共赢。办学过程中治理方式的法人化与企业在具体运行上存在着较大的差异。劳赐铭将混合所有制高职院校与混合所有制企业进行了多角度的差别分析,两者在核心利益、利益主体、利益特点和利益范围等许多方面都存在较大差异。① 投资主体的多元化必然要求治理能力和治理体系的现代化,强调多元而非单一主体管理,形成决策、执行、监督相互制约的现代法人治理结构,使得各方按照约定规则履行自身的职责,享受相应的权利。

---

① 劳赐铭.发展混合所有制职业院校的利益、冲突和问题[J].中国高教研究,2016(8):101－105.

第四章　高职院校混合所有制产业学院运行机制的构建

第一节　高职院校混合所有制产业学院主体参与的明确

一、企业的参与及其角色职能分配

企业是混合所有制高等院校的出资人之一,企业产权是高职院校混合所有制产业学院产权结构中的重要组成部分,依法享受各项出资人权益。同时高等院校是一个系统化办学体系,在办学过程中,企业的角色定位具有发散性功能,体现在办学行为的各个方面,对其进行科学梳理、合理界定及边界防控,有助于最大限度地发挥高等职业教育混合所有制改革中的企业功能。

当前混合所有制产业学院改革中企业参与及其角色职能发挥主要有以下四个方面。

第一,企业是学校产权所有者与办学出资人之一。高职院校混合所有制产业学院改革中,企业是学校的产权所有者之一,依法享有办学出资人的各项权益,其中包括参与制定学校发展战略及目标,参与学校管理机制与治理模式建设,参与学校人、财、物等重大办学事项的决策,等等。但在实际操作过程中,往往具有一定的特殊性。混合所有制高校的权力结构是混合式权力模式,企业的出资人权力往往内嵌在国有投资主体的产权结构中,并以产权份额的多少决定其实际决策的话语权比重。在当前我国的高等职业教育混合所有制改革实践中,往往以公办高职院校为主要的改革对象。企业出资者的权力实现往往伴生在国有主办者的权力实现中,具有决策随附性特点,企业产权更多通过在其特长领域发挥的作用影响整体办学,其发展潜力还有待激发。如何有效发挥非控股方企业资本在办学全域治理的积极作用,是提升混合所有制改革效益的重要命题,需要在合作机制及办学文化等方面做出更大探索。

第二,企业是办学育人的直接承担者。混合所有制复合型产权结构中的企业是办学育人的直接承担者,这也是混合所有制改革的重要优势与价值实现方式之一。企业作为办学重要利益关联方,向职业院校输出具有前沿技术、实践经验和操作能力的优质师资,帮助职业院校一起制订面向实战与未来的人才培养方案,参与课程内容及模式、实验实训平台、实践教学体系等的建设,实现企业与职业院校办学与产业转型升级、服务国计民生重大发展的全要素无缝对接,彻底打破职业院校原有封闭式办学发展模式的束缚,直接助推职业教育人才培养质量的提升,开辟出职业教育一片全新的天地。但在这个过程中,需要引起特别重视的是,要注重企业逻辑、商业逻辑对于高等教育办学逻辑及办学规律的支持。虽然职业教育中校企产权双方具有较大的产权共融点与利益结合点,但企业的市场逻辑和高校的育人逻辑存在本质性差异,其中既有战略性方向和战术性手段之间的权力配比与融合问题,又有不同利益主体的价值博弈问题。合作育人坚持的首要原则是教育性原则,即职业教育混合所有制产业学院改革的所有活动均在教育框架内施行,秉承教育规律,服从教育目标,企业所有参与教育的行为均按照此基本逻辑进行。基于此,在人才培养模式改革等的设计中,既要注重当前技术发展与产业转型的需要,又要关注到未来产业变革的需求及趋势;既要关注到产权合作企业的个体化利益需求,也要充分兼顾某一类别企业与产业的技术迭代方向与变革愿景。在师资队伍建设中,既要充分发挥企业兼职师资与技术前沿关系密切、技术运用能力强、产业转化水平高的优势,又要注重培养其基本从教素质与能力,特别是在师德师风建设上从严把关,确保师资队伍建设的整体质量与水平。在产学研合作中,在充分发挥市场驱动效应的同时,要注重教育属性与商业属性的冲突问题;在教育轨道上,以育人为根本目的做好产学研合作深化工作,使产学研合作长期服务高职院校人才培养质量的提升。

第三,企业是知识与技能转化的重要驱动极。职业教育的一大核心特征是产教融合。混合所有制改革为产教融合注入了全新的动力,创设了全新的发展空间。企业是知识与技能转化的重要驱动力,它为职业院校人才培养提供重要的出口通道与平台,并通过出口端的循环加速职业院校的有机更新,不断提升人才培养质量。同时,企业也是职业院校教学与科研成果的重要转化应用场所,高校的科研成果在企业得到转化应用,链入生产与市场推广环节,其实现的技术验证功能与兑现的经济效应将有效反哺高校人才培养模式改革与科学研究创新,将高校学术科研的校内闭环,转化提升为学校—企业—市场的开放性系统,使高等职业教育的人才培养真正介入产业转型升级与国民经济发展需求,将市场潜力与社会需要转化为办学空间。与此同时,企业的创新理论、创新技术、发展平台、实验实训条件、全球化市场化要素配置体系、先进的绩效管理体制与模式通过产权合作的稳定利益链条,全方位引入高校办学体系,在经过教育体系与教育逻辑的资源二次转化与定义后,进入微观教育环节,深度嵌入教育教学体系中,成为高职院校竞争力的重要来源,形成差异化办学优势。

第四,企业是混合所有制高校走向社会的重要接驳器。高职院校走向社会,不仅仅体现在产教融合上,还集中反映在全球化的办学视野上,能够在全球高等职业教育创新与变革潮流中定位学校的发展坐标。当前人工智能技术飞速发展,部分单纯技能型岗位加速被机器替代,研究型高等教育比重持续加大,高等教育结构面临重大变化,高等职业教育扩招加速推进,提高质量与扩大规模之间的耦合机制亟待形成,高等职业教育必须在世界职业教育发展潮流与我国高等职业教育的结构性供需变化背景下找准自己的发展方位与目标。在人才培养模式创新上,伴随着国家"双一流"和"双高"建设的大幅推进,研究型人才培养权重持续加大,资源持续向研究型院校汇聚,部分老牌本科院校用尽各种办法,向研究型大学转型。而部分普通本科院校与新建本科院校,距离研究型大学还有很大的发展距离,因此纷纷谋求向应用型本科高校转型,走产教一体化发展道路,意图摆脱原有的"高不成低不就"的办学定位,甚至有部分本科院校开始转向培养应用型技能人才,这在很大程度上冲击了原有的高等职业教育办学市场与体系。面对当前高等教育市场与教育体系变得纷繁复杂的状况,高职院校必须进行全面分析,在厘清高等职业教育办学特点、优势、规律的基础上,科学定位、合理谋划,走出一条科学化、差异化发展道路,有效应对高等教育领域的激烈竞争。就办学资源而言,高职院校不仅要建立校企融合的资源观,更要建立全球化的资源观,探讨如何在高等教育国际化浪潮中引进西方发达国家的先进教育理念与教育资源,加强中外高等教育合作与跨域校企合作等。比如,长期以来,德国的"双元制"①高等职业技术教育形成了自身独特的发展模式与竞争优势。"双元制"职业教育素来被称为"校企合作典范,工学结合的样板",是德国产业与教育得以深度融合的核心实现形式。以"双元合作,企业主体,教育调节,育人为本"②为主要特征的双元制职业教育模式,遵循产教融合的顶层设计并以全面的质量保障措施相配套,为德国现代工业的发展培养了一大批高质量职业技术人才,真正实现了人才培养与产业需求在结构、水平、数量和质量上的高度匹配。其专业建设在教育理念、专业体系、专业标准、课程开发和课堂教学的各个层面所蕴含的产教融合思想,值得深入挖掘与反思借鉴③。只有真正建立了高等职业教育的全球资源配置观,中国的高等职业教育改革才能走在世界前列。而混合所有制办学机制的引进,企业的国际化视野及发展平台为高等职业教育走向社会、走向世界提供了重要桥梁与舞台,使得高等职业教育的改革更好地"上接天气""下接地气",化行业与产业之机为办学之机,化时代之势为办学之势,化全球之资源为办学之资源,化全球视野为办学格局,引领我国高等职业教育开创新篇。

二、行业协会的系统介入

行业协会是一个特殊的组织体系,它具有一定的产业属性,参与协调产业政策及发展战略,承担产业发展与政府政策沟通职能,在营造良好的产业发展环境、沟通协调产业链条上中下游关系、加速不同企业间的要素整合与配对方面发挥作用,也对整体产业面布局、结构性特点及竞争策略提出意见建议等,为提升产业竞争力服务,是产业与行业发展的共有政策中心与信息中心。同时它又具有明显的公益属性,因为行业协会本身没有经营职能与经济功能,不通过自身营利性活动获取经济收益,不具备排他性产业功能及经济效益兑现机制,

---

① 双元制是源于德国的一种职业培训模式。所谓双元,是指职业培训要求参加培训的人员必须经过两个场所的培训,一元是指职业学校,其主要职能是传授与职业有关的专业知识;另一元是企业或公共事业单位等校外实训场所,其主要职能是让学生在企业里接受职业技能方面的专业培训。这种模式在德国的企业中应用很广,近几年也被我国的一些企业借鉴或采用。

② 赵志群,王炜波.德国职业教育设计导向的教育思想研究[J].中国职业技术教育,2006(32);62－64.

③ 谢莉花,赵俊梅.产教融合背景下德国职业教育专业建设的几个关键问题[J].职业技术教育,2019,40(10);72－79.

所以它能够在行业发展趋势及共有产业需求上为高等职业教育发展提供重要意见和建议。

当前在高职院校混合所有制产业学院改革中，行业协会通常并不作为产权主体介入高等职业教育的治理结构。行业协会在高等职业教育治理体系中不能缺席，因为它具备产业方向感知与把握、政府性第三方行业监测等职能，承担了横跨政企的中介联结组织功能，是高等职业教育混合所有制改革的建设性参与方与宝贵智库，是必须充分依赖、发挥与利用好的平台与资源。高职院校要将行业协会纳入办学理事会组织架构中，为办学重大决策提供建设性意见和建议。其主要功能有以下四项。

第一，帮助高校"明大势"。将行业前沿发展潮流及技术变革态势引入高校，帮助高校更好地明晰发展目标及定位，明确发展战略路径。理事会可以以年度或半年度例会的形式召开，定期向高校提供战略性发展意见。同时在条件成熟的情况下，理事会可以着手编制《发展参考》要报，以季度报或者半年报的形式向高校管理者定期提供行业最新发展态势、行业技术演变格局、结构功能质量状况、市场容量及空间，特别是高校人才培养及产学研合作模式的最新政策性建议等。同时高校在重大发展规划编制、党代会中长期发展目标设计、年度工作要点确定、重大办学举措及项目合作等方面，要充分征求行业协会及理事会的意见建议，全面掌握行业发展的趋势及特点。

第二，帮助高校"结亲家"。行业协会面向行业内的所有关联企业，没有合作对象的局限性与排他性。依托行业协会的信息中枢与中介平台，高职院校可以更加有效地与行业内众多细分环节企业开展多种层次、多种类型、不同紧密关系的合作，拓展合作的广度与深度。比如，既有大的技术转化的产学研合作项目，也有组织安排人才去行业挂职、参与高校召开的某一技术论证会等各种类型的合作，等等。

第三，帮助高校"拓影响"。行业组织具有行业专业协会的组织公信力，方便牵头组织众多行业性学术活动、评优评奖、技术与信息交流等活动。高校要充分依托行业组织，深度介入行业组织内各关联渠道的运行等，密切和行业组织内各主体的关系，提升在行业内的话语权和影响力，更好地吸引与调度更多行业资源投入高校办学等，提升高等职业教育办学的行业附着度。

第四，帮助高校"优环境"。参差不齐的行业格局，互相割裂的行业要素市场，恶性竞争、互相挤对的行业生态不仅对行业发展产生巨大的负面作用，还会对良好的校企合作关系带来严重的负面影响。行业协会承担着服务、咨询、沟通、监督、协调等功能，可以有效调适与规制行业生态，构建良好的行业发展格局，这对于建立权责明确、互利多赢、稳定协调的校企合作关系具有重要意义。

三、高校联盟的探索

高职院校混合所有制产业学院改革虽然是点对点的"样本试验"，但它对高等职业教育乃至高等教育改革的推进具有重要的启示意义。由点到面地组建由混合所有制改革高职院校和其他普通高职院校共同组成的高等职业教育联盟，以混合所有制高职院校为重要的体制接口，将更多的市场资源、行业要素、产业资源引入高等职业教育院校群体，将混合所有制改革试点高校的创新功能放大为整体教育群落的体制创新作用，将为我国高等职业教育的改革发展做出更大的贡献。

在我国很多地区，都有组建高等职业教育联盟的先例。它作为一种松散型行业组织，在一定时间范围内召开会议或组织活动，就共同关心的议题进行讨论等，较多地以务虚形式予以呈现。当前我们所倡导成立的高等职业教育行业联盟，已真正成为普通高职院校和混合所有制高职院校的共同平台，以混合所有制高校的体制创新为重要切入点，为其他各类高职院校引入行业资源与企业资源。基于此，这样的高校联盟应该是带有一定功能定位的常态性、紧密性、项目化平台。各级各类高职院校的产业合作及项目需求在联盟平台上充分共享，构筑教产学研信息汇合体。高校联盟可以举办常态化高峰论坛，构建常态化信息交互、产业融通机制，同时也可以建立小微型联盟协作机制，以项目化需求为驱动，依托联盟平台，随时举办基于项目的产学研合作对接会，等等，灵活满足校企对接需求。当前根据高校联盟鲜明的产学研合作导向，可以尝试由相关混合所有制高校担任联盟执行主席，便于更好地发挥联盟校企接驳的功能，做实联盟平台。

第二节 高职院校混合所有制产业学院办学理念的厘清

高职院校混合所有制产业学院改革以教育产权结构变革为切入点,引领高校治理模式、办学机制、发展路径等的系统变革,带动人才培养模式、师资队伍建设、资源配置方式等的结构性重塑。其中,办学理念的变革具有"提纲挈领"的核心引领作用,它引导着高职院校混合所有制产业学院改革技术性环节的磨合方向与路径,深层激发办学体制创新的动力,并借此持续释放高等职业教育改革的红利。

一、多元产权结构下的办学理念循证模式

高职院校混合所有制产业学院改革将原有的单中心治理的一元结构演变为复合产权结构,以产权为纽带,促进多个办学主体价值愿景、办学资源、运行模式的实质性融合。在高等教育办学的核心愿景指引下,通过各办学主体与要素的深度结合,探索一种全新的、与我国高等职业教育未来发展具有高度适配性的办学模式及发展路径。办学理念的循证模式,即在于通过不同办学主体间的价值共融结构关系、价值连接点及其互嵌方式的深度讨论,明确基于复合产权结构的办学理念构成部分,进而为共有价值的形成打下基础。

(一)高等职业教育的育人主体性及市场间接育人机制的价值接驳

教育的核心功能是育人,它是所有教育活动的中心。而市场遵循其自我发展规律与法则。在高等职业教育混合所有制改革中,我们倡导通过产权结构的连接,使企业在教育中的资本投入直接服务于人才培养,进而以人才为枢纽间接推动企业发展与产业创新。这种直接目的性与间接传递性在衔接过程中面临不同愿景诉求、技术细节、配套保障机制等诸多考验,要求企业主体在混合所有制改革中能够充分理解、认同与支持高等教育办学的特有情怀、价值愿景、发展通道、贡献规律等,具备坚守价值的恒心、战略耐心及发展决心,使间接性育人机制能够有效服从与服务于育人主体性需求,构建基于育人主体性的稳健运行结构,推动高等职业教育混合所有制改革走向深入。

(二)政府、企业、市场、劳动力主体等多种价值诸元的利益冲突及其磨合

高职院校混合所有制产业学院改革,将企业资本纳入高校产权结构,构建新型治理模式。从更深层的意义上讲,它撬动了政府、企业、市场、学生、家庭等多个因素。改革过程中不同主体拥有各自的利益诉求。政府期待在公办高等教育与民办高等教育之间构建"第三板块",通过改革兼具公办与民办高等教育的优点,激发高等教育的活力,形成新的改革样本,为中国特色高等教育体系建设提供新"亮点"。基于此,政府会提供更多的政策试验空间与平台,但在这个过程中,对教育的宏观掌握权与影响力问题,意识形态风险防控问题,改革中社会、学生及其家庭的认可度与接受度问题,评价机制与标准问题困扰着政府的战略抉择。产业市场与教育体系的接驳,教育版图内不同类型办学主体间市场份额的切割,学生接受多元化教育的意愿及其潜力激发,家长对混合所有制的认同,国有企业混合所有制改革对高等职业教育混合所有制改革的正或负牵引等多元利益因素引发着价值层面的多层次、多样式碰撞,也直接或间接影响到混合所有制下科学办学理念的形成。将高等职业教育混合所有制改革作为一种正向改革样本及实践路径予以确立,将多主体多元价值诉求统一到改革样本的改革意志、目标、决心和利益诉求中,将有助于形成全新的办学理念,并与其治理体制、办学优势形成有效统一。

二、多元产权结构下办学价值共识形成

(一)以应用为导向的办学价值共识

高等职业教育办学以应用为基本导向,直接满足产业一线的技能型专业人才的供给需求。特别是混合所有制改革,直接面向企业和行业最新技术变革态势培养人才,满足人才的最新专业化、实用性需求,实现人才供给侧与需求侧的无缝贴合,其"应用"的价值取向更加凸显,并全面贯穿到办学战略、人才培养目标、师资队伍建设、产学研合作模式、社会服务体系、国际交流与合作等方方面面,持续强化高等职业教育在我国高等教育体系中的分层作用和功能定位。

(二)统合运行、逻辑对位的办学价值共识

混合所有制的本质是多元产权关系的架构。它带来了新的办学主体、治理体系及运行格局。在高等职业教育混合所有制办学中,必须建立统合运行的价值共识,要把多元主体的资本投入、新的办学权利要素的介入及权力体系的布局、社会合作模式及产出机制的创新、顶岗实习、学徒化培养机制等纳入混合所有制一体化办学理念、治理体系与运行格局中,杜绝碎片化、零散化、阶段化、游离化改革倾向及态势。

（三）功能复合一体化的办学价值共识

要充分发挥混合所有制改革的优势,将以产权结构为纽带的深度产学研合作全面纳入教材体系建设、课堂教学模式改革、课外实践体系建设、双师型队伍建设、人才评价体系改革、绩效考核制度改革、资源配置模式改革、学科专业结构搭建、社会服务及产业反哺模式创新中,将企业创新要素与平台纳入办学各相关体系,实现各相关功能模块的互相嵌入,建构功能复合一体化的办学模式与办学体系,有效实现功能、资源等的互补、融合与集成,构筑混合所有制办学的核心竞争力。

（四）基于目标公平与过程公平兼备的办学价值共识

高等职业教育的混合所有制改革,其目的是让人才更好地贴近市场,进而使技术创新更好地服务市场,最终实现高校办学帮助个人与家庭成就人生梦想,为产业创新升级提供核心动力的目标。这个过程中,要充分处理好目标公平和过程公平的关系。在出口端,要通过混合所有制改革,实现职业教育人才更高质量、更加适配精准、更能满足个人意愿的就业。在过程端,要通过混合所有制改革,让学生享受更加个性化、多样化、前沿化、实用化并举的教育内容、教育体验与教育环境等,享受更高质量的过程教育,实现目标公平与过程公平的兼备。

（五）基于国民基底素质培养的办学价值共识

高等职业教育培养的是专门化、高层次、应用型专业人才,培养的是大学生的价值观、世界观、人生观、共情能力、道德操守、人文素质、个性特点等基础性素质与能力。高等职业教育的混合所有制改革,打破了原有的象牙塔封闭体系,构建了校企一体化的开放办学格局,在企业与市场的演化过程中,在社会发展浪潮中,调动了各种教育资源与要素,培养了大学生的基底素质与能力,夯实了国民素质结构基础。

（六）精致化、分层化的办学价值共识

企业经营活动讲究充分适应、满足与引领市场发展需求。高等职业教育混合所有制改革实现了从校企合作到校企融合的跨越,打破了校企合作的藩篱。基于产业精细化分工、行业精细化分层、岗位精细化技能的现代生产模式被全

方位引入高校办学,传统的大规划、集群化、粗线条人才培养模式将被裂解,精致化、分层化将成为重要的办学价值共识。

(七)坚持意识形态铸魂的办学价值共识

坚持以新时代中国特色社会主义思想为指导是高校办学之魂。牢牢把握意识形态领导权、守牢意识形态主阵地是办学之基。混合所有制办学改革带来了两方面的办学挑战与机遇。一是企业和社会的文化思潮、价值观念更容易进入高校中,对高校意识形态建设带来严峻挑战;二是企业和社会的意识形态建设要素和价值因子可以更好地引入高校,实现价值共鸣。这就要求高校在混合所有制改革中要坚持"趋利避害",牢牢把握住高校意识形态建设红线,充分利用好高校、企业与社会多样化的意识形态教育素材,打造高校意识形态建设的坚强阵地,夯实办学思想之基。

第三节　高职院校混合所有制产业学院资源配置的优化

高职院校混合所有制产业学院改革对高校资源优化配置具有重要创新意义,集中体现在三个方面:第一,企业及社会资源借助复合产权结构,能够更好地导入高校办学体系中,横跨校企的资源配置体系可以调度更多产业及社会资源,改变与完善办学基本面状况;第二,企业的绩效考核办法及扁平化运行体系对于完善高职院校资源配置体系及管理模式具有重要启示意义;第三,混合所有制改革重构了高校管理体制与运行机制,复合型产权结构引发的多中心模式等将带来基于权力结构优化的深层管理革命,传统的资源配置理念与模式将得到深层改变,校企一体化的资源配置将带来基于效率的深度治理革命。

一、新型资源配置架构及其原则

根据高职院校混合所有制产业学院改革的实际,新型资源配置架构及其原则主要有四个方面。

一是注重市场性,兼具计划性的原则。在混合所有制高职院校的资源配置中,要发挥产权复合、市场激励的优势,坚持以市场性为主,本着供需对位、模式优选、注重效率的原则,将有限的办学资源放到最需要的地方,提高单位资源的产出效益,构建要素需求—要素供给—要素使用—事业发展的联动关系轴,使原有的较多地按照传承惯性的资源配置方式转化为竞争性、差异化、以效率为导向的资源配置方式。同时本着高等教育办学的独特需要与特性,在资源配置中,对于一些竞争性环节关注不到的领域,需要特殊政策保护、培育与孵化的领域,比如人才培养、基础性科学研究等环节,要给予适当的政策照顾与支持。

二是凸显高校主体性,兼顾政府职能发挥与市场调节的原则。高校是办学主体,遵循高等教育事业发展规律。其治理结构和资源配置体系要实现教育目标与价值、社会目标及市场需求的融合。在资源配置体系设计中,要凸显高校主体性,严格按照高等院校立德树人、以人才培养为本的要求,科学设计资源配置与使用的标准、策略与路径。同时高等职业教育的混合所有制改革涉及政府对高校收费标准、招生专业、师资属性、社会保障模式的配套改革。特别是市场化收费模式的确立,直接影响到高校资源配置的底盘基数、可调度体量、投放重点等的精准考量,需要充分兼顾和执行好政府的政策意图及执行要求,将政府政策空间与红利优势放到最大;同时要充分兼顾市场调节作用的发挥,将市场资源通过混合所有制体制引入高校资源配置系统,并采取适合高校特点的绩效考核方式,改变传统的资源封闭内循环、自考核模式①。

三是注重统筹性,同时兼顾局部先行先试的原则。高等职业教育混合所有制改革是一项系统工程,涉及产权结构、治理体系、人才培养模式、产学研合作机制、社会服务体系、资源配置体系等的系统变革,各要素之间还存在着密切关联性。就资源配置体系建设而言,配置主体的多样化、不同资源要素在同一轨道内的导入、不同资源的特性在教育话语体系内的磨合等都涉及复杂的调适过程,必须坚持统筹设计与规划的要求,统筹布局资源配置的主要方式、原则、规避要求及其实施路径。同时鉴于混合所有制改革的试验性、复杂性,可以尝试在资源配置的某一个局部领域,开展新体制、新机制、新模式的先行先试,为改革积累先行经验。比如,实验室资源可借助混合所有制机制,与企业共建高水平实验室,迅速扩大实验室建设规模和等级;同时可以通过购买服务与社会合作体现反哺等多种方式给予投资者适当的使用回报,并形成良性循环,提高实

---

① 冯朝军,杨梅.我国高职院校混合所有制办学的主要模式研究[J].江苏高职教育,2020,20(4):27-35.

验室综合运行效率。

四是凸显岗位管理与项目驱动,兼顾传统行政身份及管理层级的原则。高等职业教育混合所有制改革是一种全新的体制机制。在资源配置过程中,要凸显岗位管理与项目驱动两大要素。其一,要以岗位职能作为资源配置的主要依据之一,根据岗位性质、岗位职能、岗位任务来决定资源配置的体量、方式,资源运用及其考核的主要手段等,打破原来以身份和部门作为主要资源配置载体的做法,打破固有的条线权力结构形成的简单僵化的资源层级配置方式。其二,要以项目作为资源驱动的重要方式之一。在建构基础层面的公平性资源配置的基础上,建立重大项目资源配置驱动机制,比如对人才培养、产学研合作、国际交流等方面的重大项目,要给予特殊的资源倾斜配置政策,形成以大项目、重点攻关突破口等重大工作为驱动和杠杆的差别化资源配置导向。与此同时,在改革过程中,我们要兼顾传统办学体系既有管理理念、层级与模式的过渡效应,本着改革速度、功能、质量、节奏、效益与师生员工接受度高度适切的原则,合理确定改革节奏与速率,稳健推进改革,在保持改革高度运转的同时,确保基本面的稳定,实现改革利益的最大化。

二、新型资源配置的路径创新及效能提升

为了充分发挥混合所有制改革的制度红利,新型资源配置架构按照统筹平衡预算管理调度、强化二级管理自主、注重边际收益和边际成本掌控等原则来设计,构建横跨校企、二级管理为主的创新路径。

关于统筹平衡预算管理调度部分,主要有三层要义。第一,混合所有制的高校治理架构要建立全口径资源配置概念,要克服在部分试点过程中出现的"高校归高校、企业归企业,各用各的""互相不融合、指挥不动"的两张皮现象,甚至是混合股权的构成双方互不同意,导致经费使用难、调度难等问题的出现。要强化顶层设计,明确权力赋予及实施原则,根据学校事业发展需求,覆盖校企资源,建立全口径资源要素配置库,明确学校决策机构对经费的统一调度及预算使用权,从管理体系与管理层级上首先解决"一张报表"难题。第二,混合所有制的高校治理架构要建立规范的预算概念,强化预算刚性,按照预算口径统一调度资源,严格按照科学预算统筹分配资源,有效规避在校企合作过程中人为博弈与越界行为产生,弱化因为产权复合导致在办学过程中沟通成本过高的

问题,以预算的科学切口确保经费使用主体合理性。第三,涵盖校企资源的学校资源统筹调度机制。在解决全口径纳入的基础上,解决"一个口子集中调度"问题。学校所有办学资源,涵盖高校自身投入及企业投入的各项资源,由学校决策机构根据学校事业发展需要集中统一调度,合理确定人才培养、科学研究、社会服务、国际交流、产学研合作等经费的使用额度及标准。学校决策机构严格按照章程,规范执行决策机制,一旦通过程序形成决策意见,即具备决策刚性,确保办学政令畅通。

关于强化二级管理部门。二级管理是当前我国高等教育管理与运行的基本模式。在混合所有制改革背景下,要更加注重发挥二级管理的主体作用,充分赋予其在职责范围内的权利、强化义务担当,充分激发其办学活力与潜力。学校主要负责意识形态与思想政治引领、办学目标设计、发展战略拟制、混合所有制改革治理结构及权责边界厘定、干部队伍建设与管理、重大对外合作事项推动、对二级办学主体工作业绩考核及监督等职能,主要承担顶层治理架构、发展模式及运行体系建设等宏观管理职能,管全局、谋大事、抓关键。二级学院是办学主体,特别是高校的二级学院设置以知识体系的分类为主要依据,可以精准对应产业链的相关技术工种与细分环节,以相对独立主体参与产业链细分,探索人才培养、科学研究与社会合作高度一体化、特色化的办学模式,寻求独特的产学研合作路径,并由此对二级学院的治理结构、管理模式及运行机制等进行创新性探索,实现知识创新体系、技术转化与应用体系、产学研合作体系等的深度结合,以二级学院特色办学模式打造特色竞争力。

关于注重边际收益与边界成本控制问题。注重对边际成本与边际收益的控制,对于实现需求与供给的有效平衡,寻找最优的成本分担机制,实现效率与公平的兼备具有重要意义。特别是在混合所有制改革的背景下,注重边际收益与边界成本控制,可以在制度层面有效减少多种产权、不同体制磨合中的沟通成本,并根据不同的学科特性、专业面向、产学研合作机制寻求更具适配性、差异化的成本测算及使用机制,加速实现供需对位,寻求在复合产权背景下最具效率、具备最佳路径的合作机制与模式,克服在不同产权结构融合过程中的要素忽略与浪费、成本倒挂、效率缺失、信息不对称等问题。

三、新型资源配置的风险防控举措

新型资源配置的风险防控主要指以下三个方面。

第一，资源配置的片面极化效用。在改革过程中，速率及节奏把握不当，片面强调市场化配置的核心功能，对政策性调节与基础性统筹配置关注不当，将引发改革的震荡。比如，在工资体系改革中，忽视对不同年龄结构、知识层次、发展诉求的教师的适应能力，片面采取"新老人"一个办法，冻结编制的市场化配置手段，极有可能带来部分人群对原有身份结构高度情感依恋的"不适应症"和快速改革中的"话语地位边缘化"等问题，必须依据不同人群的差异化状况，分类予以处理及应对。也有一些高校在改革中，将混合所有制改革简单理解为产学研合作的深化，或者办学体量规模的简单扩大，仍然沿袭传统的办学体制机制，特别是关系人、财、物具体利益的资源配置环节，"老方一贴，依样画符"，破坏了广大师生员工对改革的期待，破坏了改革的动力、后劲与成效。所以在混合所有制改革资源配置过程中，要科学调适市场作用与既有行政体系的管理，实现双向手段恰切作用，实现创新机制引领下的稳健型发展，凝聚改革共识，彰显改革红利，形成"最大公约数"。

第二，政府改革主导力的迟滞反应及边界失当。高职院校混合所有制产业学院改革是一项重大突破，也是顶层设计的改革。政府是主导，高校是主体。改革的推进，有待于政府部门在管理体制、收费、招生、考核评价等相关方面突破原有政策体系的束缚。在实践过程中，往往需要政府教育主管部门牵头，发改、财政、物价、税收、人力资源与社会保障等多部门协同办公，逐一突破管理中的各项细化壁垒，才能取得政策上的创新空间，为混合所有制改革打开发展空间。特别是在改革实施过程中，面临原来在政策设计上没有预估到的情况。改革中出现的文化融合、多主体博弈等非政策性问题，原有政策设计在实践中很难适用的问题等，都需要政府相关职能部门及时在政策安排与政策引导口径上做出安排与调整。一旦这个过程节奏与程序相对复杂，则可能在改革过程中产生迟滞与扩散效应，影响改革的信心与成效。而政府如果在微观管理环节上干预过多，也会影响办学改革主体性的合理发挥。为了有效防控以上风险，在政府指导与干预上，应确立"宏观、及时、恰切"三大原则。"宏观"是指政府主要承担宏观政策配置的职能，在宏观政策导向下，给予学校自主依政策处理的空间；"及时"是指政府有关职能部门要第一时间回应处理高校混合所有制改革过程中出现的政策口径缺失或政策不适性问题，及时予以解决，避免矛盾与问题扩大,确保改革的顺利进行;"恰切"指要确保政策精准服务改革发展的需求,彰显政策配置的问题意识、需求意识和导向意识,让"管用的政策""对位的政策"真正助推改革落地和发展。

第三,校企融合制度不健全引发的廉政穿透风险。资源配置体系后面是人、财、物重大利益的再分配,特别是混合所有制改革引入了企业资本,其可调度、可支配的资源体系更加庞大。项目资金的合理使用机制、产学研转化过程中的资产流失边界防控、商业资本向教育资本转化过程中的性质转换、产权回报机制中涉及的利益输送、校企双重身份资源调度过程中的资本外溢等,这一系列新问题都考验着高等院校管理者们。与此同时,这些问题在既往的发展中都没有遭遇过,没有先例可循,又存在一定的复杂性,有的时候还需要突破一些传统的管理思维及模式。一旦处理不当,将引发国有资产流失等重大问题,或给职务经济犯罪留下空间。对其进行合理规划与界定,不仅是保护混合所有制改革发展土壤、确保改革顺利进行的需要,也是切实维护改革中"先锋人物"和"试错个体"利益的现实需要,是混合所有制改革的重要安全"保护阀"。

第四节　高职院校混合所有制产业学院治理结构的完善

当前,混合所有制高职院校的探索遇到了多重阻力,并暴露出一系列问题,其中法人治理结构问题尤为突出。任何组织都存在治理问题,学校也不例外。尤其对于按照市场机制建立起来的混合所有制高职院校来说,其治理结构的构建和完善对其自身可持续发展至关重要。从微观层面上讲,法人治理结构的问题是混合所有制高职院校制度建设的核心问题。一方面,混合所有制高职院校作为国有资本、集体资本、非公有资本等交叉与融合的高职院校[1],不同于一般公办和民办高职院校。它既不能简单套用公办高职院校治理结构,也不能照搬民办高职院校治理模式。另一方面,混合所有制高职院校采取股份制组织形式,也不能完全套用现代股份制公司的法人治理结构。厘清混合所有制高职院

---

[1] 高文杰.混合所有制职业院校的内涵与意义及其治理分析[J].职教论坛,2015(30):5-12.

校法人治理结构的内涵,分析混合所有制高职院校法人治理结构实践中存在的现实问题,探索具有中国特色的混合所有制高职院校法人治理结构,具有重要的现实意义。

一、高职院校混合所有制产业学院法人治理结构的由来及内涵

法人治理结构伴随着现代公司制度的建立而产生,是现代公司制度中最重要的组织架构。正因为如此,法人治理结构一般也叫公司法人治理结构或公司治理结构。从法人治理结构的社会根源上看,公司法人治理结构的产生,是生产高度社会化和社会经济组织形态变化的必然结果。它源于现代公司中投资主体的多元化及其由此引发的"两权"(所有权与经营权)分离与独立。投资主体多元化及由此引发的经营权与所有权的分离与独立,是一个公司实行法人治理结构的前提条件,其分离方式与独立状态直接影响着公司治理结构的选择。从公司法人治理结构的理论基础来看,它是建立在利益相关者基础上的、基于委托与代理的一种契约关系,这种契约关系遵循平等、自愿、诚实、守信的缔约原则。

"不同所有制性质产权结构多元化"是混合所有制高职院校的本质属性之一,而资本所有权分散与教育经营权集中,是由"不同所有制性质产权结构多元化"派生出来的,因而混合所有制高职院校具备了建立法人治理结构的客观条件。我国混合所有制高职院校实践探索的时间并不长,典型、成熟的混合所有制高职院校也不多。目前,学术界只有对其法人治理结构现实做法的探讨,对其法人治理结构的理论研究相对较少,对其法人治理结构内涵的理解也不一致。混合所有制高职院校法人治理结构既然源自公司法人治理结构,毫无疑问可以借鉴公司法人治理结构的"基本内核",但如果一味采取"拿来主义"方式,不加分析地"借用"现代公司法人治理结构的模板,想必也会适得其反。要准确把握混合所有制高职院校法人治理结构的内涵,就必须按照遵循社会组织治理规律、职业教育规律和市场经济规律的逻辑架构来思考。正是基于这样的认识,我们对混合所有制高职院校法人治理结构做出如下解读:混合所有制高职院校法人治理结构,是指学校内部权力设置及权力制衡的一整套制度安排或调控机制,它涉及学校机构权力的来源、运作和权限,学校所有者(出资者)、决策者、执行者、监督者的权利、义务与责任等。其目的是要形成有效的制衡关系,确保学校办学效率的提高和办学目标的全面实现。完整意义上的混合所有制高职院校法人治理结构的内涵具体包含以下三个方面。

第一，高职院校混合所有制产业学院法人治理结构是确保学校利益相关者个体利益和公共利益共同实现的一整套机制。

高职院校混合所有制产业学院从资本所有制属性上讲，是公有资本和非公有资本的融合；从资本形态上讲，是教育资本与产业资本的融合。混合所有制高职院校由利益相关者共同参与治理，其法人治理结构作为一整套机制必须兼顾各利益相关者的权责。对单个的利益相关者个体来讲，其体现的内容并不完全一样：对于学校法人财产的出资者而言，它是一种财产安全保障机制，即为公有、非公有资本提供产权保障。

出资者通过其推选的权力机构设立相应的组织机构，并赋予其一定的权责，规范或监督决策者（董事会）、执行者（职业化的校长及管理人员）的办学行为，保证其财产所有权的安全性。对于学校决策者、执行者而言，它是一种办学经营机制。因为混合所有制高职院校一般应是按照市场机制建立起来的新的院校类型，其决策者、执行者的权利、责任或义务范围已经由其权力机构予以明确。决策者、执行者在办学过程中，必须严格依法依规办学，全面履行自己的义务，最大限度地实现出资者的个人利益和公共利益，并借此实现自身的利益。

对于学校监督者而言，它是一种监督机制，监督者（监事或监事会）依据法人治理结构赋予的权力行使监督权①，监督决策者、执行者的办学行为，维护各利益相关者的权益，促进学校整体利益的实现。当然，为了保证各利益相关者利益上的趋同，其法人治理结构还应当包含各利益相关者激励相容的机制安排②。

第二，高职院校混合所有制产业学院法人治理结构是学校出资者与决策者、执行者之间基于委托代理的有关监督与约束的制度安排。委托代理关系是法人治理结构中的重要关系，其核心要义在于如何选择代理人和激励代理人。混合所有制高职院校内部出资者与决策者、执行者和监督者之间的关系，本质

---

① 杨震. 论我国公司法人治理结构制度的完善[J]. 中国法学，2003(1)：88-95.
② 雷世平，姜群英. 混合所有制职业院校法人治理结构理论基础探析[J]. 职教通讯，2016(31)：1-5.

上讲就是委托代理关系。混合所有制高职院校由于股权的社会化和分散化,并非所有出资人都能亲自参与学校教育管理决策过程,有的会委托自己的代理人以董事身份进入董事会行使出资者权能,保证自身投资风险最小化或收益最大化。但当董事会成员较多时,董事并不一定都是学校日常教育事务和教育管理的实际操作者。一般来说,学校的日常教育管理运行由董事会选择(也就是委托)的职业化的校长及其管理层来执行。这样,校长及其管理层事实上成为学校教育管理的最终代理人。在办学实践中,董事和校长的效用目标函数与委托人的目标函数并非完全一致,董事和职业化的校长都可能存在侵害委托人权益的行为倾向。为保护自身的利益(无论是公共利益还是个人利益),学校法人财产的出资者就必须在董事和校长之外寻求一个独立的代理人,并设置相关机构(监事和监事会),用以监督或评价董事、校长及其管理层,甚至教职工的行为①。从本质上讲,混合所有制高职院校法人治理结构是关于出资者与决策者、执行者之间监督与约束关系的制度安排,一般以股东会、董事会、监事会和职业化校长及其管理层等具体组织形式及其相互关系表现出来。

第三,高职院校混合所有制产业学院法人治理结构是学校出资者与决策者、执行者之间基于特定法律法规而形成的一种契约关系。

在上述委托代理关系中,高职院校混合所有制产业学院实际出资的产权主体比较复杂,出资者与职业化的校长及其管理层之间可能会形成一种信息不完全对称的委托代理关系。代理人(职业化的校长及其管理层)以其专业知识技能、业务经营所拥有的私人信息优势,直接管理学校;委托人(出资者)由于专业技能、知识和精力不足,加之已经授权给代理人,则不便过多干预其直接管理学校的行为。不同资本所有者(亦即出资者)与职业化的校长及其管理层之间存在不同的利益诉求,彼此之间有时会存在一定冲突,为有效平衡各方利益关系,需要创设一个既能激励又能约束各方的机制。从一定的意义上讲,混合所有制高职院校是各利益相关者参与的一系列契约的联结,出资者(股东)与董事、监事和以校长为代表的学校管理层之间的关系,完全是一种体现当事人意愿的契约关系,这种契约关系的达成和有效执行,受特定的法律规范保障。由于有强

---

① 葛兆强.法人治理结构理论问题辨析[J].中州学刊,1998(6):42-45.

制性的法律法规的约束,高职院校混合所有制产业学院法人治理结构才具有相对稳定性,出资者的财产权及其由此衍生的其他合法权益才能得到有效保障,其法人和法人财产制度才具有持续的生命力,混合所有制高职院校的管理与运行效率才能得以充分体现。

二、混合所有制办学实体的治理结构

董事会制度是深化高等院校科学治理的重要举措,这项制度起源于 17 世纪美国的哈佛学院;几百年来经过不断地调整和优化,现在已经成为当今美国大学治理的基本制度之一。对于我国而言,关于董事会制度的研究和实施主要集中在 20 世纪 80 年代之后,之前各高职院校尚未建立科学规范的治理结构。公办高校主要实施的是党委领导下的校长负责制,民办高校部分建立了不太完善的股权治理结构,但是在执行过程中往往流于形式,相关主体的责任和义务不够清晰,在决策和管理中所发挥的作用并不明显。国务院颁发的《国家中长期教育改革和发展规划纲要(2010—2020 年)》提出,要"探索建立高等学校理事会或董事会,健全社会支持和监督学校发展的长效机制"。在国家相关政策的指引下,各类高职院校在实施混合所有制办学改革的过程中,纷纷探索建立董事会制度,实行董事会领导下的校长负责制,部分高职院校相继成立了股东会。[①] 董事会成员一般包括股东代表、校级领导干部、企业单位和独立董事,等等。在高职院校混合所有制改革的实施过程中,由于办学实体产权的多元性,尤其是公有资本和非公有资本等不同产权属性的并存,改革就需要以股份制治理结构为框架,兼顾不同投资主体的相关利益,实现高职院校的所有权与经营治理权相分离,达到主管部门、投资人、管理者、教职工及其他利益相关者之间的权力制衡,促使高职院校的运行机制进一步优化、各项教育和服务功能得到合理发挥,在相关政策和制度的引导下,推进高职院校整体沿着高质量发展轨道稳步前行。

(一)外部治理结构

高职院校混合所有制产业学院外部治理结构主要是指院校外部的相关组织联合形成的治理结构。这类结构在形式上比较松散,主要由政府教育主管部

---

① 张艳芳,雷世平.混合所有制高职院校法人代表人的复合多元模式选择[J].教育与职业,2018(9):37-41.

门、行业协会、主治部门、纪检监察部门、工商税务部门和审计部门、社会评价机构、相关企事业单位和家长委员会等利益相关者组成。

在共同目标的指引下,这些院校外部力量能够形成一种凝聚力,在院校的决策和运作管理中产生一定的影响。目前高职院校混合所有制产业学院改革比较注重内部治理结构的优化,但往往忽略外部治理结构的改善,从而造成院校在改革发展的某些阶段缺乏外部环境的保障和支持,使得办学改革的过程举步维艰。为了促使高职院校混合所有制改革的顺利推进,需要外部相关主管部门和利益相关者进一步理顺治理结构,为学校的长期发展营造良好的外部环境。

首先,教育主管部门需要转变政府职能,加大"放管服"改革力度,在人才引进、职称评聘、校企合作和创新创业等方面给高职院校更大的支持。政府要善于放权,给学校一定的自由度,充分发挥学校决策层和管理层的办学主体作用。其次,社会第三方评估机构需要充分发挥自身的职能,保持一定的独立性,采取客观、科学、合理的评价方法对高职院校的办学效果进行评估,确保评估结果的公正性。再次,各个用人企事业单位也要在高职院校的办学改革中发挥积极作用,深度参与相关专业人才培养方案的制订、课程教学内容的设计以及实训基地的建设,为学校日常教学和社会服务功能的发挥拓展更大的办学空间。最后,家长委员会也要对学校教学质量的提高提出切实可行的合理化建议。

(二)内部治理结构

在现阶段的改革发展过程中,混合所有制高职院校的内部治理结构与现代企业比较类似,也包括"旧三会"和"新三会"。在混合所有制高职院校中,"旧三会"指的是学校党委会、职工代表大会和工会,主要是从进行混合所有制改革之前的高职院校的管理体系中转移过来的;"新三会"一般是股东大会、董事会和监事会,主要来自各个投资主体。① 股东大会是高职院校的最高决策机构,其成员包括行业企业、学校管理层、教职员工、社区组织和个人,等等。董事会是股东大会的常设机构,其成员由股东大会选举产生,根据各出资者所拥有的股份比例确定董事会中董事的人数。为了保护非公有资本股东的合法权益,在混

---

① 赵伟. 混合所有制办学:踩稳前行的脚步[J]. 中国职业技术教育,2015(10):5-15.

合所有制高职院校的董事会中,还要求有非公有资本的代表参与其中。同时,在董事会中还包含一定的外部独立董事。独立董事一般是由在教育领域或者行业协会中具有一定影响力的专家组成,独立董事的名额设置需要出资方协商决定。在董事会内部,一般还要设立各种专业委员会,比如,学术委员会、专业教学指导委员会、职称评审委员会和教职工薪酬委员会等,各负责某一领域的决策和管理服务工作。为了保证高职院校日常教育教学的正常进行,确保对重大事项决策管理的科学合理性,高职院校还要组建监事会。监事会主要对股东会负责,代表投资方行使监督权力。

"旧三会"主要负责对传统组织进行顶层设计,而"新三会"主要针对高职院校现代企业组织进行顶层设计。"新、旧三会"的成员也可以交叉任职。发挥混合所有制高职院校的治理效能、健全治理结构是实现其治理能力现代化的关键环节。全面完善高职院校混合所有制产业学院内部治理结构的主要目标就是在"新三会"中维持一种决策权力的制衡,实现"新、旧三会"之间的良性互动,产生主要利益方的多方合作共赢效应,推动高职院校混合所有制产业学院改革向纵深发展。

三、改善混合所有制办学治理结构的对策

(一)健全治理机构,构建科学规范的权力制约机制

要稳步推进高职院校混合所有制办学改革向纵深发展,保障各投资主体有效行使决策权和治理权,在高职院校治理机构的构建方面离不开分权制衡理论的指导。要在混合所有制高职院校或具有混合所有制特征的二级学院内部建立一个相互制衡的内部治理结构体系,使得各个机构之间的权力能够在制度的规范下相互制约,共同促进院校的高质量发展。

第一,规范学院股东会的运行机制,确立股东会的最高权力机构的合法地位,保证关系学院发展的各项重大决策都要通过股东大会进行判断和决定,有效维护全体股东的合法地位。

第二,设立具有广泛代表性的董事会,突出董事会作为股东会在混合所有制学院内部的常设机构的地位,保证其构成人员由股东大会选举产生,负责学院各项日常工作的组织实施。

第三,健全监事会的机构设置,突出监事会对学院重大决策和日常运营事务的监督职责,保障董事会中各种权力的有效制衡。

第四,确保学院管理层对各项日常工作的运营管理,通过有效途径对学院管理层进行选举和任命,并赋予管理层一定的行政权限,从而促进学院各项教学科研和社会服务活动的顺利开展。在我国高职院校混合所有制改革的初期,只有构建科学合理的内部治理结构,正确处理好各个机构的关系,通过有效的分权和授权,形成有效的监督和制衡机制,充分发挥各个机构的功能和优势,才能稳步推进混合所有制改革驶上快车道。

(二)完善法律体系,突出法律法规的引导作用

拥有完善的法律法规体系对推动我国高职院校混合所有制改革有重要的方向引领和司法保障作用。为了正确引导高职院校进行混合所有制改革,政府应当进一步完善相关的法律法规,要对高职院校的产权进行明确的界定,使得院校的重大事务决策和日常管理沿着法治的轨道有序进行,为院校的混合所有制改革营造良好的法治环境,从而保障各利益相关方的合法权益。现阶段在实施混合所有制改革的过程中,各投资主体遇到的最大困惑就是产权问题。在教育领域的混合所有制改革方面,我国现有的产权制度和法律法规尚有不足,使得高职院校在实施混合所有制改革时无法突破关键环节,整个改革过程进展缓慢。党的十八大以来,国家修订了相关的民办教育方面的法律法规,为民办教育的发展拓展了空间,但是在混合所有制改革方面依然存在法律上的不足之处。比如,2017 年新修订的《中华人民共和国民办教育促进法》,其中明确了民办院校的所有者依法享有院校的财产权,但是同时规定了民办教育属于公益事业,这样就使非公有资本在参与混合所有制高职院校的办学过程中的收益权缺乏法律支持,限制了这类资本参与混合所有制改革的积极性①。另外,关于非公有资本在高职院校混合所有制改革中的退出机制不够健全,缺乏法律依据,这样也造成非公有资本在参与高职教育混合所有制改革时"心存疑虑",无法发挥非公有资本的功能和优势。在我国职业教育改革进入深水区后,亟须国家出台相关的法律法规来规范各类资本的行为,为高职院校实施混合所有制改革营造良好的外部环境。

---

① 雷世平,张艳芳.混合所有制职业院校单一法定代表人模式的潜在风险与制度破冰 [J].职教论坛,2018(3):19-23.

（三）强化制度建设，保障机构成员的广泛代表性

在混合所有制高职院校或带有混合所有制特征的二级学院内部，建立完整的治理机构之后，还要通过各项制度的完善来确保各种权力的有效行使以及各项事务的正常运行。首先，通过股东大会选出适当数量的人员组成董事会。董事会人员数量根据混合所有制高职学院的规模确定。参照《中华人民共和国公司法》的规定，在一般情况下，董事会成员人数控制在13人左右。同时，确保董事会成员具有广泛的代表性，董事会尽可能吸收不同利益主体的相关代表，包括投资者代表、校友、教职员工、社区人员、独立董事、律师，等等。关系到学院发展的重大决策，都应当做到信息公开透明，确保利益相关者的知情权和参与权。其次，进一步完善监事会制度。参照我国《中华人民共和国公司法》的规定，监事会对单位的重大决策和日常管理起监督作用。这就要求在学院监事会中至少应有三分之一以上比例的教职工代表，而且教职工代表必须通过教职工代表大会选举产生，不得由机构负责人内部指定。这样能有效形成科学规范的内部监督机制，保证各个主体参与形成学院治理决策易于操作的科学性和民主性。最后，在学校的管理层，要建立易于操作的日常行政管理制度。通过制度规范各级管理者的职责范围，建立上下级部门的信息沟通机制和反馈机制，从制度上保障上级决策能够有效地得到贯彻和实施，确保学院的各项事业发展有序进行。

（四）拓展办学空间，丰富高职院校多元化办学形式

推进混合所有制办学改革是一项涉及面广、规模庞大的系统工程，不仅需要各级政府和教育主管部门创造良好的外部环境，还需要工商、税务、行业协会、企事业单位、媒体单位和社区等多部门各团体的支持与配合。改革过程中要通过投资主体的多元化拓展，创新多元化办学模式，丰富混合所有制高职院校的内涵和功能。首先，各级政府教育主管部门和社会公众需要打破传统的认知，摆脱高职院校"非公即私"的思维定式，打破公办院校和民办院校在争取教育资源方面的相互竞争、相互隔绝状态，建立以政府为主导、高职院校为主体、社会各界力量共同参与办学的新型办学体制和办学模式，通过股权激励和利益分配的制度设计，调动社会各方主体参与高职教育办学的积极性。其次，深入探索高职院校多主体办学模式的改革，整合政府部门、高职院校、行业协会、企

事业单位和科研院所等各方面的力量,汇聚各种优质资源,建立起多方投资主体相互支持、和谐共生的发展格局,形成一种合力,共同促进学校各项事业的发展。最后,政府教育主管部门要积极探索高职教育混合所有制办学形式,促进各项资本在各类高职院校之间的合理流动,激活公办高职院校的办学活力,增强民办高职院校的办学实力,引导不同性质的资本通过共同投资创建混合所有制高职院校,拓宽高职院校混合所有制改革的空间。

（五）深化人事制度改革,完善教师职称评聘晋升和薪酬考核体系

教师是学校获得长期稳定发展的第一要素,是文化传承者和人力资源的开发者。拥有一支结构合理、素质过硬的教师队伍,是高职院校谋求高质量发展的决定性力量。根据国家宏观政策和市场经济发展的需求,保持一定比例的具有行业企业背景的"双师型"教师队伍,也是混合所有制高职院校得以良性发展的重要支撑。但是混合所有制高职院校的属性与公办院校不同,部分教师并不拥有国家事业编制。

如何因地制宜地推进学校人事制度改革,完善教师职称评聘与薪酬考核制度体系,是调动非事业编制在职教师积极性的关键。首先,在职称评聘与晋升方面,全面拓宽教师的职称晋升渠道。在政策制定环节需要侧重对在职教师进行专业能力方面的评价,不应当过多强调学历和资历,更不应当以论文或项目为唯一标准对教师的业务水平进行评价。其次,逐渐淡化教师的事业编制身份。无论是公办主导还是民办主导的混合所有制高职院校,均应全面实施绩效考核制度,在薪酬制度设计方面一视同仁,同工同酬,重点考查教师的知识能力水平和对学校的贡献程度,充分调动广大教师的主观能动性。最后,对于混合所有制高职院校,为增强广大教职员工的主人翁责任感,允许教师投资入股办学并享有相应权益。根据教师的入股金额和贡献程度设计分红比例,全面提高广大教职员工的归属感、满意度,从而全面提升学院的办学水平。

职业教育领域已实施混合所有制改革,在当前阶段形成了新型的办学模式,其多元化的投资模式决定了院校治理结构的复杂性。为了促使高职院校混合所有制改革的持续深入开展、保障各投资主体的合法权益、全面提高高职院校的人才培养质量和决策管理水平、实现该类高职院校的高质量发展,各级政府教育主管部门要协同相关的工商、税务、司法、行业协会、企事业单位和基层社区等部门及单位广泛开展合作,通过立法和相关政策的制定与调整,为混合所有制高职院校提供良好的外部环境,给高职院校更大的办学自主权;同时,通过宏观政策引导,促进高职院校构建具有现代化水平的治理结构和治理模式,建立科学规范的决策管理机制和教育评价监督机制。

高职院校应充分挖掘自身潜力,协调内部各个治理机构的关系,朝着共同的发展目标产生合力,通过内部管理制度的制定,在人事管理、绩效考核、职称评聘、职务晋升、员工持股和利益分红等方面向一线教职工倾斜,提高广大教职员工的满意度和主人翁责任感,增强教职员工对所在单位的向心力,从而提升高职院校的教学、科研、人才培养和社会服务水平,将高职教育的混合所有制改革逐步推向更高阶段。

(六)构建基于利益相关者的高职院校治理结构

1.突出重要利益相关者的主导作用

由于混合所有制办学的多元主体以及决策治理的特殊性,政府在办学中的主体作用不能仅把关注点放在高职院校内部管理、运作环节上,还应考虑如何使高职院校在混合所有制办学背景下获得一个健康良好的发展环境,这就要求政府把工作重点放在通过政策法规来协调各利益主体之间的关系上。比如,不同性质的办学主体参与高职院校决策和治理的权力如何得到有效落实,其利益诉求如何有效实现;合作办学的各方在高职院校发展中持续投入的相关责任、义务如何明确;混合所有制办学中不同产权主体间的人事流动政策如何落实;等等。这些都是需要在重要利益相关者的积极推动下,才能够顺利解决的问题。这些关键问题的解决,有利于提高重要利益相关者参与高职院校治理的主动性和积极性,也有利于高职院校治理结构的不断完善,使其更加适应当今经济社会发展需要,推动高职院校健康可持续发展。

2.多方参与,尊重各自利益

高职院校作为跨界教育的主体,职业性是其所培养人才的重要属性之一,这一办学定位决定了高职院校具有独特的内部治理结构。为了培养适应经济社会发展需要的职业人才,混合所有制办学成为高职院校深化办学改革的重要路径。混合所有制办学背景下的高职院校治理牵涉面广,需要打破封闭的传统办学格局,吸收来自社会的多种产权办学主体,这就必然要求多重利益主体广泛参与,其所呈现出的是更为独特和复杂的治理特点。不同的利益相关者在混合所有制办学中要发挥各自特有的职能。

因此,混合所有制办学背景下的高职院校,要通过成立理事会来实现多元主体有序参与院校治理。各利益主体在参与高职院校治理的过程中,要相互尊重各自的利益,既要尊重参与治理的行业企业的营利性,也要充分尊重学生与家长的权益意识,要出台相应的措施促进他们广泛参与治理,以促进高职院校全面健康发展,最终达到共赢的目的。

3. 开放治理,打破封闭的内部组织

我国的高职教育起步较晚,还存在内部组织相对封闭的问题,缺乏与政府、行业和企业之间的有效沟通。深化校企合作是实现高职院校人才培养目标的根本途径,因此,高职院校混合所有制办学的人才培养过程应呈现出更高的开放性,具体涉及专业建设、课程建设、师资队伍建设以及实训基地建设等领域,甚至包括教学过程的组织、管理以及评估等具体的教学环节。这种高度的开放性可以从专业设置、教学资源、教学过程以及师资队伍四个方面合力推进:高职院校的专业设置要紧密对接经济需求,紧跟产业发展趋势,开放性地进行调整;建立一个动态的、校企协同的、适应区域经济发展需要的开放式教学资源系统;推行与生产过程对接的、开放性的教学组织和管理方式;构建校企融合的双师教学团队。

第五章 高职院校混合所有制产业学院融资研究

第一节 高职院校融资理论依据

一、"混合品"属性决定现代职业教育融资的合作性

(一)现代职业教育的"混合品"属性

教育是受科学技术、文化与经济的变化影响而改变的,各国的政治制度、文化发展、经济水平等多种因素都对教育有着深刻的影响。同一历史时期的不同国家以及同一国家的不同历史时期所形成的职业教育都有着不同之处,甚至差别很大。

说起"公共产品",就不得不提最早对其进行研究的经济学家保罗·萨缪尔森,他将物品分为私人品和公共品,在其著作《经济学》中提出,对某种产品的购买不影响他人对该产品的消费,则该产品就是公共品。教育是能够给个人自身带来收益的一种人力资本投资行为,经过测算证明各级教育都有一定的私人产品属性。高职教育的产品属性是其教育经费供给的直接决定因素,同时也决定了政府与市场在高职教育资源分配中的定位。根据高职教育产品的竞争性以及排他性可以判断其属性:

竞争性指的是每增加一个人对产品的消费,就会增加一份产品供给产生的成本,边际成本大于零;非竞争性则相反,多一个人消费产品,并不会产生额外的供给成本,此时边际成本为零。排他性则是通过技术或制度把不付费者排除在消费者之外,非排他性是指不能排除不付费者免费使用该产品的行为。私人产品产生的收益均为私人利益,消费支付的费用完全由私人承担并可以度量。公共产品产生的收益为社会收益,不能内化为私人收益,该产品只能由政府等公共部门来提供。

高职教育既有私人性又有公共性。其私人性表现在:

①竞争性。每增加一位学生,教育成本会随之增加。

②排他性。学费是高职教育主要经费来源之一,学生如果不缴纳学费就不能进入高职院校进行学习。

③收益内化。教育的直接作用是受教育人文化素质、知识技能水平、收入、地位等的提升。有研究表明,学历水平越高,对应收入也越高。

其公共性表现在:

①高职教育对提高国民素质、促进经济与社会发展、提高国家竞争力有重要作用。教育同时也承载着传承文化,发扬民族精神的功能。

②教育收益不能完全内化为私人收益。教育除了促进个人发展,也带动了国家文化、科学技术的创新发展,提高了国民整体素质与文化水平。因此可以判断,高职教育具有"混合品"属性。

(二)现代职业教育融资的合作性

现代职业教育融资通过深化校企合作、治理模式改革的方式实现。融资过程实为高职院校与社会资本合作关系重塑与稳定的过程,双方的合作性体现在人才培养目标、教育教学设置、资金投资需求等方面。

人才培养目标与企业人才需求相衔接。高等职业教育的职业性决定其以契合社会需求为目标,服务性决定其人才培养的目的是提供多层次、全方位的社会服务。企业一方面需要优秀人才来提升自身的市场竞争力及稳固企业的经济发展,另一方面也传达出市场对人才培养的实时诉求。企业对人才的要求直接影响高职院校的人才培养理念与方式,因此,人才培养目标应与企业人才需求相衔接。

教育教学设置与职业实际需求相结合。教育教学设置应以企业需求为导向,结合院校本身的教育教学经验,在学制安排、专业设置、课程设计等环节中以校企双方共同参与为基础;课程教育过程中,企业和院校相互参与,各自担负教学任务与责任。在教育教学设置中,应将职业实际需求的知识、技能作为标准,精准设计教育教学的各个环节,营造高度情境性的环境,促进知识与技能的习得,培养学生的职业认同感。

私方投资需求与院校资金需求相配合。高职院校是非营利性的,其资金来源主要为政府拨款、学杂费等,途径单一且经费不足,亟须开拓新的融资途径。我国经济快速增长,但储蓄率久居高位,资金缺乏流动性。而民间资本实力雄厚,各类投资者渴望开拓新的投资领域。现代职业教育融资为高职院校与民间资本的合作提供了平台,实现私方投资需求与院校资金需求的配合。

二、高等职业教育的人力资本投资属性

人力资本是指劳动力通过积累知识、提升技能而表现出的劳动能力。人力资本是经济发展的主要因素,人力资本通过实实在在的人来体现。舒尔茨认为人力资本能够促进社会发展,并且起到了决定性作用。人力资本的获得需要付出一定的代价,即消费其他资源,是一种投资行为,其投资回报是知识与技能的习得。人力资本也具有经济价值,对人力资本的投资可以获得相应的收益。[①]

(一)人力资本具有投资收益性

人力资本投资形式有健康设施服务、在职培训、正规教育、校外学习计划、个人及家庭的迁移。其中的在职培训与正规教育是高职教育的主要内容。教育投资是人力资本投资的核心。高职教育提升了受教育者的知识储备与能力水平,劳动水平提升带动劳动收入的增加。于社会而言,高职教育推动了经济发展,并提升了国民素质,对企业的发展也大有裨益。教育投资的回报具有长期性,教育活动对受教育者的作用是无形的,将在未来的职业中得到发挥。生产财富的能力远比财富本身重要,而教育能增加作为财富形式之一的精神资本,从而促进经济发展。

人力资本投资具有收益性。教育投资促进经济增长,经济增长反作用于教育,为其增加可投资的资源,教育与经济是相互作用、相互流通的关系。站在企业的角度来看,企业对高职院校的投资实际上就是对人力资本的投资。投资使得教育水平上升,人力资本的技术技能、理论水平、个人素质提高,通过职业反作用于企业,提升企业的生产能力。企业对高职院校的投资是可以获得长期回报的经济交易。

人力资本投资收益具有广泛性、迟效性、长期性、多方面性。投资主体可以是国家、企业、家庭(或个人)中的一方或者多方,投资收益自然也对应一方或多方受益。如义务教育由国家担负全部费用,带来的收益是三方共享的:企业举办的职业培训,直接收益是企业员工的生产能力得到提升,个人收入得到提高,

---

① 张家军. 教育资本论[M]. 北京:人民出版社,2016:8 - 29.

企业的利润增加,国民生产总值也会间接得到增加。迟效性表现为人力资本投资的见效周期长,劳动者的知识、技能以及工作经验不断积累,达到一定的水平与标准之后,其投资才会发挥生产性作用,而人力资本投资一旦发挥作用,就是长期性的。人力资本在劳动者劳动的整个过程中都在发挥作用,通过教育与培训提升的人力资本存量,如认识问题、分析问题、解决问题等综合判断能力不会老化、失效,会长久地在劳动者的整个职业生涯和社会生活当中发挥作用。人力资本投资除了能够带来直接的经济收益外,还会带来社会、文化等多方面的收益,如公共教育水平的提升对于减少贫困、维护社会秩序、提高道德水平、增进社会平等以及增强人的自主性都有重大意义。[1]

(二)人力资本投资的主要形式

人力资本的形成以及其存量的增加主要是通过投资来进行的。劳动力自身的构成,包含理论体系、能力水平、身心健康组成人力资本的有机体。所有能够提升理论与实践水平、促进健康的经济行为都属于人力资本投资。

1. 各级正规教育

教育投资是人力资本投资的核心,包括学前教育、义务教育、大学等过程中所有教育费用的支出。政府、社会资本、个人、家庭等用于教育的费用均属于人力资本投资。此种形式的投资直接体现在人力资本知识储备的提升上,通过受教育程度及学历来反映人力资本质量。

2. 职业技术培训

人们为了习得从事某种职业需要的知识及能力而进行的投资是职业技术培训投资。此种投资偏向人力资本所包含的职业素养、知识储备与技能水平,通过人力资本所具备的技术等级来体现。

3. 健康保健

包含劳动者住宿、穿衣、医疗、保健、锻炼、娱乐等的费用。其投资主要表现为国民平均寿命的提高以及死亡率的下降。国民的健康水平对劳动力数量和质量有直接影响。

4. 劳动力流动

---

① 刘仙梅.劳动经济学[M].北京:人民邮电出版社,2010:120 - 125.

人力资本的科学配置通过人员流动来完成,从而达到人力资本的实现与增值。流动的目的是使人力资本能够发挥更大的价值,因此,流动投资对人力资本投资具有重要意义。流动投资促进了人力资源在空间维度与时间维度上资源的优化配置,以实现人力资本经济价值的最大化。

三、混合所有制高职院校融资合理性

(一)建立市场化机制稳定院校融资来源

混合所有制是市场经济的发展成果,应遵循市场运行机制,以市场为导向实现资源的优化配置。将混合所有制引入高等职业教育,要以市场为实现平台,一是人才培养以市场需求为基础;二是建立市场化机制,优化教育资源配置,吸引社会资本的投入。

高职教育的人才培养以满足市场经济发展需求为目标。社会生产力快速发展,互联网、人工智能、无人化工厂等新兴科技产物的出现,对生产技术提出了更高的要求。高职院校正是以培养掌握精深技术的高素质技能型人才为目标,高等职业教育是生产技术更新与发展的最有效、快速的途径。

在高职院校中引入市场机制,促进社会资本自由竞争,有利于实现教育资源以及社会资源的优化配置。市场机制营造了相对公平的竞争环境,政府发挥监管职能并出台相关政府法规保障社会资本的合理收益,极大地提升了社会资本的参与度。国家相继出台多份文件鼓励公共服务领域与社会资本合作,充分调动了民间闲置资本,拓展了高职院校的融资途径,同时促进了高职院校对现代治理结构的探索进程,深化了校企合作关系。

(二)混合所有制稳固校企平等合作关系

高效的治理体系是维持高职院校稳定运营的制度基础。企业处于职教办学中的主体位置。企业作为营利性组织以追求利益最大化为目标,混合所有制保障了企业的投资收益,让企业可以掌控院校"经营过程"的整体风险,激发企业参与职业教育办学的动力。政府角色应由"参与者"向"监督者"转变。政府干预职业教育办学,院校容易形成对政府的强烈依赖性,丧失自主办学能力与活力,导致院校的行政化与低效发展。混合所有制高职院校治理过程中,政府作为监督者监管院校的运行,给予了企业自主权以充分发挥其优势。

混合所有制模式下,高职院校的人才培养与企业人才需求相契合,培养出

的人才更加适应本行业的人才需求。培养出的学生大多输送到参与投资的企业内部,高职院校就业率也因此得到提升。人才"内部消化"一方面帮助学生解决就业问题,院校声誉因就业率提升而美化;另一方面,"企业内部化"是稳定校企长期合作关系的重要途径,学生成为企业的"准员工",院校与企业之间关系由"合作人"转变为"组织人",成员关系趋于稳定。

(三)校企全方位合作提升人才培养质量

经济全球化、教育国际化是我国高等职业教育面临的大趋势,在不断更新的社会需求与市场竞争中谋求生存,是高等职业院校探索的主要问题。区域发展不平衡,就业岗位竞争加剧,高职院校发展不得不与区域经济发展相联系,探索更优质的人才培养方式,而所有的竞争与发展成果都将体现在学生的综合素质以及其就业率层面上。对高职院校来说,寻求与社会资本的合作是其成长的最佳途径。企业代表了市场最直接的需求,高素质技能型人才正是契合企业诉求的人才培养目标。

高职院校混合所有制产业学院深化校企合作,最直接的影响是人才培养质量的提升。高职院校混合所有制产业学院是由社会资本与学校共同兴办的,社会资本的投入解决了困扰高等职业院校已久的办学经费问题,完善了教学硬件设施;"双师型"教师的培养提升了高等职业院校的师资力量;企业投入技术、管理等无形资产,提升了职业院校的综合竞争力。

第二节 高职院校混合所有制产业学院的融资基本条件

一、高职院校混合所有制产业学院融资的内在条件

高职院校混合所有制产业学院并不是不同性质资本的简单混合,其实质是不同性质资本在产权、治理结构等方面的融合,混合所有制在高职院校中的改革过程也就是院校治理体系趋于完善的过程。[①]

---

① 董圣足.教育领域探索"混合所有制":内涵、样态及策略[J].教育发展研究,2016,36 (3):52-56.

（一）多元化产权结构是企业参与的前提

现有法律法规并没有对"混合所有制"做出明确解释与规定,这也就意味着我国职业教育领域并未出现真正意义上的混合所有制。《国务院关于加快发展现代职业教育的决定》(国发〔2014〕19 号)提出积极支持各类办学主体通过独资、合资、合作等各种形式参与办学并享有相应权利,"混合所有制"正式进入职业教育领域,各地积极开展混合所有制职业院校的实践与探索。

教育领域的混合所有制是国有资本、集体资本、个体资本、私营资本、外资等不同性质的资本混合而成。其核心是必须具有两个及以上的资本参与,且至少有一个国有资本,不满足此条件的不能称为混合所有制办学。因此,高职院校混合所有制产业学院应具备多种类型的产权主体。

不同的利益主体相互制约,提升职业院校办学活力。

（二）多主体治理结构是办学质量的保障

传统的高等职业院校治理结构单一,行政化明显,其他主体如教师、学生、企业等参与度不高。高职院校混合所有制产业学院拥有多个产权主体,对应着治理结构的多个主体,不同的利益主体相互牵制、相互监督,有利于形成民主、多元、更为有效的治理结构。

企业处于办学主体位置。职业教育在我国经济转型和市场发展中的重要性日益凸显,现代职业教育强调职业教育与人力市场的衔接,单一化的政府主导职业教育难以满足市场经济的需求,鼓励社会资本进入职业教育市场势在必行。《国务院关于加快发展现代职业教育的决定》中明确提出企业应作为办学主体,可见社会各界对于社会资本参与职业教育办学已达成共识。经过一段时间的研究实践发现,不少企业表现出参与职业教育办学的意愿并做出了行动,但校企合作整体仍旧呈现"校热企冷"的状态。究其原因不难发现,企业作为营利性组织以追求利益最大化为目标,由于投资收益无法得到保障,即使有合作意向也只能望而却步。因此,只有将企业置于办学主体位置,掌控院校"经营过程"的整体风险,企业才有动力参与职业教育办学。

政府角色应由"参与者"向"监督者"转变。政府干预职业教育办学,必然导致院校的行政化与低效发展。首先,政府是现代职业教育的产品提供者,通过财政拨款保障职业教育的供给。职业教育具有强烈的正外部性,其发展惠及整个社会。政府是"公益性"的代表,是职业教育服务价值理念的灵魂支撑。其次,政府是现代职业教育制度环境的制定者,通过法律、政策、法规等手段营造制度环境,具有强制性与不可违背性。政府过多地参与职业教育办学,院校容易形成对政府的强烈依赖性,丧失自主办学能力与活力。再次,政府作为监督者监管院校的运行,给予企业自主权以充分发挥其优势,增强院校的市场竞争力,从而提升人才培养质量。

在探索混合所有制背景下职业院校的治理结构时,可以借鉴成熟经验,如董事会制度、二级学院独立法人机制等。董事会是院校与企业之间的枢纽,融合了政府、院校、企业三方的资源,保障院校获得经费、政策、教育等方面的大力支持,是院校建设与发展的决策者与监督者。院校如何构建科学的治理结构,与院校已有结构、办学主体成分、相关政策规定等息息相关,应具体分析自身办学条件,不能盲目跟风。

(三)市场化运行机制是办学活力的源泉

传统的高职院校运行机制是由上而下的行政管理模式,对政府产生了长久的依赖性,缺乏自主办学的活力与动力,在人事、财务、经营决策等方面没有自主管理权,容易出现教育资源配置效率低下等弊病。

高职院校混合所有制产业学院引进了多个不同办学主体,增添了办学活力,推动了高职院校的"市场化",同时减弱了高职院校对政府的依赖程度,高职院校不得不依靠自己谋求发展。职业学校的特殊性,决定了其与市场联系紧密。将社会资本引入高职院校,使学校面对市场竞争,拥有充分的自主管理权,才能使教育资源的配置实现效率最大化。

二、高职院校混合所有制产业学院融资的外部条件

(一)教育服务的产业属性成为社会共识

马克思认为生产是对生产资料与劳动力的消费,而产品的消费又促进了劳动力的生产。生产过程中发生的消费行为是生产性消费,而劳动力对产品的消费是为了恢复自身的体力与脑力,这是劳动力再生产。产品的生产与消费过程,具有产业属性。高职教育是劳动力劳动能力提升的过程,受教育者消费教育服务,从而提升自己的人文素养,增加理论知识,提升技能水平,这属于劳动力再生产,因而也具有产业属性。职业教育的"混合属性"以及人力资本投资理论均证明了教育产品在市场中发生了价值交换,符合市场经济规律。

教育服务是知识性的产业。职业教育生产的是知识、科学技术,知识与技术的应用在现代经济发展中发挥了重要作用。高职院校生产技术技能,培养掌握一定水平技能的高素质人才,企业雇用高水平人才提升自身的生产效率与经营效益。事实证明,院校与企业等社会资本的合作,一方面使得知识、技术的转化大大提升了生产的效率;另一方面,企业不断获利会驱使其加大与院校的深入合作,形成校企合作良性循环。认可教育服务的产业属性,遵循市场经济规律,为高职院校的融资形成了外部条件。

(二)教育资源稀缺与社会投资需求并存

融资途径单一,财政负债严重。我国教育经费的融资渠道,主要有政府财政拨款、学生缴纳学杂费、银行贷款,以及占教育经费比例较小的社会捐赠、社会服务等。财政拨款和学杂费是我国高等职业教育办学经费的主要来源,职业教育的社会认可度较普通高等院校低,普通高等院校不断地扩大招生范围对高等职业院校的发展形成了阻力,生源的逐渐减少直接影响学杂费收入。我国的教育财政拨款处于逐年上涨的趋势,但远没有达到国际水平,显然只依靠财政的力量无法满足教育经费的基本要求。拓宽教育融资渠道,积极寻求企业合作,挖掘社会资本投资潜力,是打破我国高等职业教育教育经费严重不足困境的有效途径。

对政府依赖严重,缺乏办学活力。对于传统的高等职业院校,政府是单一的办学主体与经费来源,政府主导模式造成了院校行政化、官僚化等弊病,体制臃肿且缺乏危机感。在以政府为主体的治理结构下,院校缺乏办学活力,对政府有着严重的依赖性,急需新鲜力量突破体制束缚。寻求社会资本的合作,一方面保障了办学具有充足的经费来源;另一方面,将院校置于市场竞争环境中,"危机感"会迫使院校重塑治理结构,获得改革创新之动力。

(三)非公共教育资源投资教育的制度保障

利益是一种物化了的人类需要。[1] 一部分人对自身利益的追求并不包含另一部分人的利益,一部分人在追求自身利益的过程中很有可能会造成另一部分

---

[1] 庄宏献.交易利益论[M].上海:上海三联书店,2006:23.

人利益的损失。"理性的私益人"将针对实现自身利益最大化而开展竞争或合作选择。只有在众多利益分歧中树立一个共同的目标,才有可能停止多方利益主体的竞争而实现主体间的利益契合。① 混合所有制高职院校同样也存在着社会资本、院校等多个利益主体之间的博弈,但混合所有制高职院校的教育性质决定了其以公共利益最大化为目标,同时也要满足非公益性利益的合理需求。出于自利动机的利益协同具有非常大的不稳定性,部分主体在面临短期的利益诱惑时很容易选择放弃合作利益,届时各方利益主体间的契约关系将随之破灭。因此,混合所有制高职院校需要特定的社会规范为社会资本与院校的合作关系做保障。

政府在高等职业教育领域具有多重身份,政府是公共服务领域的"代言人",代表着社会公众利益,以追求社会利益最大化为目标;政府是高等职业院校的"参与者",以财政拨款、政策引导等方式参与办学;政府是各利益主体行为的"制裁者",制定社会规范以约束各个主体的行为。法律法规、财政、政策是政府行使权力的主要方式,具有强制性与约束力,个体想挣脱法律法规约束就会受到制裁并付出相应代价。

三、混合所有制高等职业院校的治理结构探索

(一)混合所有制高等职业院校的多种样态

"混合所有制"在《国务院关于加快发展现代职业教育的决定》中首次被正式提出,但在这之前对于校企合作的实践探索已经广泛开展,职业教育领域出现了多种混合所有制的形式。

董圣足将混合所有制高职教育现有形态划分为三种:"真混合所有制"形态、"类混合所有制"形态和"泛混合所有制"形态。"真混合所有制"形态,涉及具体产权的分配,一般具有两个及两个以上的不同资本性质的办学主体,按各自所持有股份或协议商定负责院校的经营、管理及利益分配。"类混合所有制"形态,不涉及产权交割但具有收益分配,一般为公立院校与社会资本或教育机构等进行的合作经营或者合作办学。"泛混合所有制"形态,不改变产权结构,是不同所有制主体之间进行的教学资源与社会资源的优化重组,或者是管理权

---

① 史洪波. 现代职业教育治理主体的权责关系研究[D]. 天津:天津大学,2016.

的委托,实质上是一种"公私合作关系"。①

单强将现有混合所有制归纳为两种类型。"大混合"是指国有资本与集体资本、非公有资本中其中一种或两种资本的混合,共同出资举办职业院校,具有独立的法人。"小混合"是指院校二级学院或者具体项目的混合,如专业共建、实训基地建设、研发中心等的混合。② 单强认为,无论是何种形式的混合,都必须涉及实质性的产权合作或者资金投入,混合主体必须有国有资本的成分,且具有独立的法人,不能满足以上两个条件的不能称为高职院校混合所有制产业学院,应被认定为一般性质的校企合作。完整的产权包含生产资料的所有权、经营管理权、收益权以及资产处置权,混合所有制的改革实质上是对院校产权的重组。不论何种形式的混合,均应涉及产权的变动或重构。根据产权变动程度,混合形式分为三种。

1. 产权完全重构型

产权完全重构型与"大混合"类型一致,是国有资本与其他类型资本相混合而成的职业院校,设有独立的法人。产权的重构不仅仅是生产资料所有权的重新分配,也是经营管理权、收益权等权利再分配。混合体现在高职院校的产权结构、治理机制、利益分配等方方面面。院校建立了院校与各类社会资本多主体参与的治理结构,院校与企业具有平等的办学主体的地位,共同协商决定院校的发展路径,具有市场化、自主办学能力强、运行机制灵活、富有活力等特点。

2. 产权部分构建型

产权部分构建型主要为二级学院共建、专业共建等形式。产权结构的调整主要发生于二级学院和专业层面,不改变院校原有的治理结构与院校性质。

3. 产权要素分离型

产权要素分离型主要指院校资本所有权与经营权的分离,院校拥有生产资料的所有权,将经营管理权委托给其他资本或机构,不改变院校原有的治理结构,利益分配由主体间协商决定。实质上是校企之间资源的优化重组。

① 董圣足.教育领域探索"混合所有制":内涵、样态及策略[J].教育发展研究,2016,36(3):52-56.

② 王寿斌,刘慧平.混合所有制:高职改革"市场化"探索[J].教育与职业,2015(4):22-28.

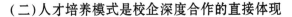

（二）人才培养模式是校企深度合作的直接体现

1. 企业需求引导高职院校培养理念

现代社会中劳动力市场的需求是一种动态的结构。以知识和科技为重点、以高素质劳动力为依托的全球化知识经济时代是人类社会发展的趋势。产业结构的优化升级带来的是对劳动者文化素质要求的提高，以及随着科学技术的进步，机器代替了部分劳动力，导致许多行业对劳动力的总需求减少。随着产业结构的升级调整，知识产业和现代服务业快速发展成为国民经济发展的主导产业，传统的手工业和制造业将被逐步取代。产业结构的升级必然伴随着生产资料的丰富和生产技术的成熟，机器设备不断更新，使用较少的人力成本就可以高效地完成较高的生产量。劳动力成本减少了，但是对劳动者的能力和素质要求却不断提高，劳动力需要掌握更为先进的、复杂的、科学技术含量高的知识技能。而现实生活中，劳动力的文化水平和职业资格普遍偏低，只能从事技术水平较低的职业。劳动力的整体水平与职业需求之间还存在着较大的差距。职业教育的目的是通过对劳动者职业素质的培养来提高劳动生产率，劳动力市场的需求要求职业教育发挥作用，培养适应本国经济发展的职业人才。换言之，产业结构的优化升级对高素质技术技能人才的需求，是现代职业教育发展的原动力。

校企合作的初衷是培养适应现代市场经济发展需要的高素质技能型人才，企业的需求是人才培养的核心。企业在劳动力市场中扮演买方的角色，高等职业院校培养的人才是否能够激发企业的"购买欲望"关键在于受教育者是否符合对应岗位的技能要求以及个人素质要求。企业提出的要求是高职院校人才培养的"指南针"。

2. 校企联动构建高职院校课程体系

课程体系是体现人才培养理念的载体，是使受教育者提升思想素质、学习知识技能的重要手段。高等职业教育课程体系应是校企双方互动的结果，课程体系设计过程中，以企业需求为导向，结合院校本身教育教学经验，在学制安排、专业设置、课程设计等环节中以校企双方共同参与为基础；课程教育过程中，企业和院校相互参与，各自担负教学任务与责任。企业参与下，院校完成学生的专业知识学习、思想素质培养、技术技能训练等任务；院校参与下，企业结合岗位要求,培养学生的综合应用能力,模拟实际工作状态。

校企双方共建课程体系,将企业需求渗透于教育教学各个环节中,课程设计更具实用性。教学过程也是校企文化的传递过程,学生在具有高度情境性的环境中学习,不仅习得知识与技能,同时也培养了职业认同感。学生能够提前适应职业环境,完成学业且经过考核之后可以直接进入企业工作,省去了毕业生与企业对接的环节,为企业节省了培训费用,提高了企业参与的积极性。

3.资源融合丰富高职院校师资队伍

"双师型"教师是指具有扎实专业知识的同时又有熟练的专业能力的教师。"双师型"教师的培养不是简单地派任课教师进入企业挂职锻炼或聘请行业内专业的技术人员作为任课教师就可以实现的,而是需要专业实践能力与理论知识的融合统一与熟练运用。以校企合作共建为基础,课程教授与工作岗位联通,理论知识与实践技能共同习得,融合以校企文化,提升教师教学实践水平,院校与企业的人力资本共享,产生了双倍的教师资源,节约了人力成本。

第三节 高职院校融资的 PPP 方式

我国高职院校办学经费来源单一,政府公共教育财政无力包揽高职院校办学经费,政府主导的传统高职院校治理模式对政府依赖严重,办学活力不足。要打破我国高等职业教育所面临的办学困境,拓宽教育融资渠道、引入社会资本办学是一种有效路径。PPP 为英文单词 public private partnership 的首字母,译为公私合作伙伴关系。就职业教育而言,政府是公共部门,企业或非公共组织为私人部门,PPP 即政府与社会资本合作,提供基础设施及公共服务的一种治理创新模式。在高等职业院校引入 PPP 模式,是教育领域 PPP 建设的切口。

一、高职院校 PPP 融资的基本特征

教育领域的 PPP 模式是准公共品领域的公私合作。教育领域的 PPP 模式具有其特殊性,但也必须遵循 PPP 模式的基本属性,是公私部门间的合作。虽然政府部门对 PPP 模式的定义有所不同(指政府部门与社会资本的合作关系),其出台的相关政策与规定也不尽相同,在社会型基础设施领域,教育也区别于

养老、文化等公共服务,但促进公私合作,合理配置公共资源,从而达到提供更优质、全面的公共服务是所有 PPP 模式共同的目的。

教育性是教育领域 PPP 模式区别于其他 PPP 模式的根本特点。高等职业院校不是以营利为目的而生产产品或是提供服务的企业性质的组织,是以培养高素质高技能型人才为宗旨的教育性组织。交通、道路、桥梁等提供的是"硬性公共服务",社会型 PPP 模式相较于经济型 PPP 模式向公众提供的是"软性公共服务",①而高等职业教育 PPP 模式的服务也不同于其他类型的社会型服务:教育领域的 PPP 模式不仅具有公私合作的基本特点,更要在此基础上充分体现其教育性。

职业性是高等职业教育 PPP 模式相较其他教育类型融资的独有特点。职业性体现在人才培养目标和模式、专业设置、课程安排等方面。PPP 高职院校以培养高素质技能型人才为教育目标,专业设置和课程安排与职业技能、工作情景、岗位任务等高度对接,具有很强的针对性与适用性。

综上所述,高等职业教育 PPP 模式是指高等职业院校与私人部门作为平等合作的主体,发挥各自优势,共同建设高等职业院校,实现高职院校的资源优化配置,提供优质的教育服务。其中,高等职业院校所代表的是学校及其所属的政府部门,而私人部门则依据公共部门的需求偏好与利益诉求体现出差异性与复杂性。私人部门既可以指各种所有制企业,也可以指各种所有制学校;同样,具有融资实力的民办院校、中外合办院校、混合所有制院校等多种所有制的院校也可以与高职院校建立合作关系。② 因此,PPP 模式的合作对象范围在高职教育领域得到了拓展。

根据高等职业教育 PPP 模式的内涵可以探究得出其三大特征。

(一)融资目的的非营利性

非营利性是教育领域 PPP 模式的根本特点。PPP 模式的顺利实施建立在双方实现各自利益诉求的基础上,不以利润最大化为经营目标。高等职业院校

---

① 熊惠平.高等职业教育 PPP 模式的内涵、特征和产权设计[J].高等教育研究,2016,37(11):58-63.

② 熊惠平.高等职业教育 PPP 模式的内涵、特征和产权设计[J].高等教育研究,2016,37(11):58-63.

是以培养高素质高技能型人才为宗旨的教育公益性组织,私人部门是以营利为目的而生产产品或是提供服务的企业性质的组织,以实现自身利益最大化为追求。高职院校与私人部门合作,一方面要满足私人部门对营利的要求,另一方面也要遏制私人部门从中赚取超额利润,防止高等职业院校发展成为商业化院校。若公私双方均以利润最大化为目标,则会直接体现在服务价格上,而这必定会引起社会公众的不满,甚至更严重的后果。因此,在共同合作的过程中,要协调经济利益与社会责任的关系,各方在获取利益的同时也要担负相等的社会责任。院校不仅是合作方,更要担负起社会监督责任,双方协定收益平衡点,保证私人部门的收益,又不改变高职院校非营利性质。私方要保质保量地完成院校建设,自觉遵守合同约定,接受社会监督,这样才能够维持长期高效的合作,获得稳定回报。

(二)教育和经济利益契合

企业需求与人才培养目标契合。在我国经济转型的大背景下,全面提升职业教育人才培养质量成为促进经济发展和加快产业转型升级、提升企业竞争力的关键。因此,加强校企合作是提升人才培养质量的必要路径。企业一方面需要优秀人才来提升自身的市场竞争力及稳固自身的经济发展,另一方面也传达出了市场对于人才培养的实时诉求。高职院校与企业在人才培养目标上是相契合的。

院校资金需求与私方投资需求契合。高职院校是非营利性的,其办学经费主要来源于政府拨款、学杂费等,途径单一且经费不足,亟须开拓新的融资途径。我国经济快速增长,但储蓄率居高不下,资金缺乏流动性。而民间资本实力雄厚,各类投资者渴望开拓新的投资领域。公共服务领域的公私合作模式为高职院校与民间资本的合作提供了平台,实现资金需求与投资需求的契合。

(三)异质主体的合作共赢

项目导向是公共部门与私人部门达成合作的关键所在。以院校、政府为代表的公共部门和私人部门是 PPP 模式的合作主体,在机构性质、经营目的、利益需求等方面均具有差异性,不同性质的主体代表着不同群体的利益,一致的目标是异质性主体合作关系的纽带。PPP 模式是基于项目本身开展的,融资行为的发生以项目为主体进行,由项目本身的风险分析、盈利能力、现有资产等因素决定,该种方式的合作双方具有一致的项目目标——更好地配置职教资源,为学生、老师和社会提供更优质的教育服务,培养契合市场需求的高素质技能型人才。

私人部门追求自身利益,为高职院校引入市场机制,营造公平化的竞争环境,提升办学效率。企业办学主体的确定促进了高职院校的全方位改革,同时也能够为私人部门本身赢得良好的品牌声誉,拓展了其发展领域,并开拓了人才来源。通过公私双方优势资源的结合,促进项目的长效稳定,公共部门也拥有了稳定的资金来源和发展保障。

二、高职院校引入 PPP 融资的必要性和可行性

融资途径单一,财政负债严重,院校对政府依赖严重,缺乏办学活力等都是制约高职院校发展的主要因素。职业教育属性、高职院校混合所有制与 PPP 模式在政策依据、参与主体等方面契合,为二者的合作提供了条件。因此,探索混合所有制高职院校的 PPP 融资方式是破解高职院校所面临困境的主要途径。

(一)公共教育财政、高职院校的融资和混合所有制改革要求

1. 政府教育财政无力包揽办学经费

高等职业教育没有专门的经费,主要依靠办学收费。民办职业技术学院的教育经费主要来源为企业资助,但企业自身发展的不稳定性,导致企业对职业院校的资助不能维持稳定的增长。因此,我国的高等职业教育面临着教育经费严重不足的困境。因此,寻求更有效的融资方式成为解决办学经费不足问题的主要路径。

2. 单一融资未体现职业教育的合作性

我国教育经费的融资渠道,主要是政府财政拨款、学生缴纳学杂费、银行贷款,以及占教育经费比例较小的社会捐赠、社会服务等。单纯依靠以上融资方式无法打破我国高等职业教育所面临的教育经费严重不足的困境,必须拓宽教育融资渠道,积极寻求企业合作,挖掘企业投资潜力。国家、企业和个人是职业教育三大投资主体,但企业尤其是非公有制企业尚游离于职业教育投资主体之外。在现代人才市场机制下,中、高等职业学校培养的人才主要进入非公有制企业,为企业的发展做贡献。按"谁受益,谁投资"的原则,非公有制企业完全应该而且有能力成为职业教育的投资主体,积极进行跨学科研究,将金融工具运用于教育融资中,探索出更为有效的融资方式,打破我国高等教育经费不足的局面。

传统的融资方式只是单纯的资金筹集过程,职业教育与社会资本的合作并未体现。引入PPP模式的高职院校,其职业性体现在人才培养目标、人才培养模式、专业设置、课程安排等方面。职业教育与社会资本的合作强调采用校企深入合作、工学结合的人才培养模式,培养高素质技能型人才作为教育目标,专业设置和课程安排与职业技能、工作情景、岗位任务等高度对接。职业教育与社会资本的合作性是高职教育人才培养质量提升的关键。

3.开放的经济环境

21世纪10年代,我国进入了PPP模式的推广阶段,国家机关部门积极研究政策法规,为PPP模式的顺利推广提供基础与保障。2014年出台的《财政部关于推广运用政府和社会资本合作模式有关问题的通知》是部委级别首次提出的关于政府与社会资本合作的框架性实施指导意见。自此之后,政府与社会资本合作的政策法规相继密集出台,各省份开始大规模发展PPP项目。2017年7月21日,国务院法制办牵头起草的《基础设施和公共服务领域政府和社会资本合作条例(征求意见稿)》公开向社会征求意见,PPP立法在万众呼吁之下正式提上日程。在开放的经济环境中,我国鼓励国企、民营企业、外企等多种形式的社会资本进入PPP领域,同时带来的不仅仅是充裕的资本,还有技术、管理等无形的资产。

4.成功的操作经验

在大力推广PPP模式之前,国内已经存在一种相对较为成熟的基础建设模式BOT(build-operate-transfer,翻译为建设—运营—移交)。二十多年的时间里,BOT模式已被大众认可,且从政策制度上提供了BOT模式的运行基础。

BOT与PPP模式具有很多相似之处。两种融资方式,均属于政府与社会资本通过签署特许权协议达成合作关系,并由私人部门负责建设、运营、维护等职能;且均以项目运行来偿还项目成本并取得利润回报。投资方是为项目提供直接或者间接资金的政府、企业、个人或者组织等;担保方是为融资方提供担保的个人、组织或者政府。但PPP又不同于BOT,PPP是BOT的改良版。在BOT融资方式中,公方与私方是层级关系。项目的规划与设计由政府独立完成,私人部门通过招标拿到项目的建设权与运营权,完全按照项目规划书建设,不参与前期项目规划过程;合作双方缺乏有效的协调机制,且以各自利益为主,为确保自身利益则会牺牲他方利益,不利于社会利益最大化。PPP 的合作双方共同参与项目的所有环节,项目过程更加透明化,形成了有效的协调机制,相互帮助、相互监督,双方建立了合理的利益分配机制,实现了社会总效益的最大化。PPP 模式是一种更加完整的项目融资方式,在以往 BOT 模式的经验基础之上进行了改进,但两者的本质是相同的,BOT 模式为 PPP 模式提供了宝贵的经验基础。

5.促进校企合作

我国正处于社会主义建设的初级阶段,生产力不断提升,经济发展迅速,国家发展需要大量的高质量职业技术型人才,高等职业教育也以此为目标积极发展。企业反馈人才需求,院校有针对性地培养人才,理论联系实际,结合市场导向,加强实践技能,有利于培养更多高素质技能型人才,推进院校与企业的可持续发展,很大程度上解决了学生就业问题,实现了双师型教师的培养。PPP 模式作为新兴的合作模式,不仅具备了校企合作的优势,还能够弥补校企合作存在的不足。相关的法律法规不够完善,校企合作缺乏有效的制度保障;"校热企冷"是大部分校企合作的现状,企业没有参与合作办学的动力。《基础设施和公共服务领域政府和社会资本合作条例(征求意见稿)》已于 2017 年 7 月 21 日公开向社会征求意见,这意味着 PPP 模式已受到法律保护,校企合作也有法可依。PPP 模式是公私双方因同样的目的而合作建立的项目,且项目对合作双方均"有利可图",特别对于企业来讲,不仅仅可以获得利润,更可以获得与自身更为契合的高素质技能型人力资本。

6.PPP 有助于混合所有制高职运行

PPP 模式是一种新兴的合作模式,不仅具备校企合作的优势,还能够弥补校企合作存在的不足。PPP 模式推动了高职院校治理结构的改革,建立了科学、有效的运行制度,为企业提供了合理的准入准出机制。有法律法规保驾护航,以及利益驱使,企业则有充分的动力参与合作办学。

(二)职业教育属性、高职院校混合所有制与 PPP 模式契合

PPP 是项目融资方式中的一种,混合所有制是一种经济制度,两者有着本质区别,也有共通之处。PPP 是混合所有制背景下的一种具体合作方式。PPP 模式是基于公共服务与基础设施领域,公共部门与私人部门为提高社会资源利用率并提供更优质的社会服务而达成的合作关系。混合所有制是生产资料所有权的制度形式,是在某种社会关系下对生产资料的混合占有形式。

1. 合作关系层面

高等职业教育领域的混合所有制是由不同产权主体和治理结构融合,通常由国有、集体、民营、外企等资本形式中的两个及两个以上的资本共同创办的职业院校。PPP 模式是学校或政府与私人部门形成的一种长期合作关系:私人部门主要负责提供资金支持,并承担建设、运营、管理等职能;学校或政府较少出资或者不出资,主要担负院校教育服务,监督与评价项目。

2. 合作目的层面

院校属于公共服务领域,无论混合所有制中的产权主体是何种形式,对其而言混合所有制院校都是一种投资,投资必然追求利益回报,混合所有制以实现高投资回报率为目的。PPP 模式的顺利实施是建立在双方实现各自利益诉求的基础上的,但所有的 PPP 项目都是具有公益性质的项目,是不以利润最大化为经营目标的。公共部门与私人部门合作,一方面要满足私人部门对盈利的要求,另一方面也要遏制私人部门从中赚取超额利润。公私双方建立了合理的利益分配机制,最终以追求社会总利益最大化为目的。

3. 采购方式层面

混合所有制高职院校通过员工持股、资本并购、合资共建、产权交易、股权流转等途径来达成合作,方式灵活多样,没有硬性要求。PPP 模式中的私人部门应通过竞争方式择优合作。项目实施机构应根据项目采购需求特点,依法选择合适的采购方式。根据合作内容决定采购方式:第一,PPP 项目只涉及院校教学楼、宿舍等硬件设施的建设,采购方式比较单一,一般采用公开招标的方式选择合作伙伴;第二,PPP 项目涉及规划、建设、管理及运营等整体过程,则需要综合考察其资金实力、建设资质、管理服务经验、价格等方面因素;第三,PPP 项目是院校与私人部门长期的校企联合办学,不仅要考察私人部门的资金实力、建设资质、管理服务经验、价格等方面因素,而且还应综合考察其院校治理计划、教育教学模式、人力资源等要点,过程中院校应与私人部门进行充分、深入

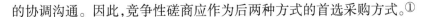

的协调沟通。因此,竞争性磋商应作为后两种方式的首选采购方式。①

4. 管理方式层面

产权多元化是混合所有制的核心,是多种所有制性质的企业达成合作的根本,所有资本中必须有国有资本,是国有资本与其他类型资本的混合。院校治理主体多元,治理方式多样,有利于形成民主参与、共同治理、各司其职、多方互相监督与协调的治理结构,可最大限度上满足各方的利益诉求。混合所有制院校在运行过程中,无须向社会披露其经营信息,院校内部把控即可。PPP 项目是以学校为代表的公共部门和私人部门达成的合作伙伴关系,具有双主体供给的特点。② 项目秉持透明公开的原则,项目的规划、立项、建设、运营等整体过程,均由公私双方合作完成,过程透明、资金透明、信息公开。

PPP 模式与混合所有制在政策条件方面有契合之处,在参与主体方面有重合,且互为助力,互助发展,这为 PPP 模式与混合所有制高职院校的合作提供了合作依据。

第一,政策依据一致。

2014 年《国务院关于加快发展现代职业教育的决定》(以下简称《决定》)发布,文中对我国职业教育提出要求,鼓励社会力量积极加入职业教育建设,加强"双师型"教师队伍的建设,落实教师企业实践制度,健全社会资本投入办学的激励政策,鼓励社会力量参与举办职业教育,拓宽职业院校的融资渠道,加强各级院校的基础建设,提升职业教育质量。

2015 年《国务院关于国有企业发展混合所有制经济的意见》(以下简称《意见》)发布,明确了市场机制在混合所有制改革中的重要性,充分尊重市场经济规律,将"产权多元化"与完善"治理结构"相结合,探索完善产权制度,保障所有投资人的产权收益,以带动其积极性。同时,我国也鼓励公益类国有企业规范开展混合所有制改革,根据不同的行业及领域,通过不同的方式参与经营,政府还要担负监管、考核及评价的职能。

2014 年《财政部关于推广运用政府和社会资本合作模式有关问题的通知》

① 韩凤芹,岳文静,尤伯军,等. 积极稳妥推进职业教育 PPP 的思路与建议[J]. 财政科学,2016(2):46 - 56.

② 唐祥来. PPP 模式与教育投融资体制改革[J]. 比较教育研究,2005(2):61 - 64,60.

090/

（以下简称《通知》）发布，大力推动政府与社会资本的合作。《政府和社会资本合作模式操作指南（试行）》（以下简称《指南》）对 PPP 模式的实际操作给予了具体指导。

分析对比职业教育领域、混合所有制以及 PPP 模式三者相关的政策文件，不难发现其共同点：

其一，三者均是以充分调动民间资金，有效配置社会资源为出发点。职业院校希望引导社会力量参与办学，摆脱职业教育办学经费不足的困境，缓解财政负债压力，加深职业教育与社会经济发展的联系，促进教育教学改革，完善治理结构，提升教育教学质量水平。混合所有制改革意在促进国有资本与私营资本的合作，盘活存量资产，带动国民经济的快速增长。政府与民间资本在公共服务领域建立长期合作关系，可实现优势互补、资源共享、减少政府负债，政府角色向监督者与评估者转变，民营资本得以充分利用并开拓投资领域。

其二，均以引入市场机制为基础。职业院校与社会资本共同办学，迫使院校基于市场机制进行治理结构与产权配置的改革，以保障合作各方的合理利益。《决定》中允许社会资本以多种要素参与办学，并赋予其对应权利。社会资本参与职业院校办学，除解决资金来源不足问题，还提供了人力资本、管理经验等无形资本，提升了职业院校的办学效率。职业院校通过与社会资本合作来反馈社会对于职业教育人才培养的需求，促进职业教育发展，提升人才培养质量。以上合作的实现是以市场机制为基础。市场机制通过市场竞争来优化社会的资源配置，对企业形成一种外在约束，也催生出企业的内部激励机制，缺乏活力与竞争力的企业自然会被市场淘汰。混合所有制与 PPP 模式的出发点是充分调动社会各种形式的资本，促进国民经济发展，是对市场在资源配置中起决定性作用的响应。

其三，均鼓励三者相互结合，共同发展。《决定》中鼓励发展混合所有制职业院校，各类办学主体可以通过多种要素形式参与办学并享有相应权利。《意见》中鼓励公益类国有企业规范开展混合所有制改革，并提到大力推广 PPP 模式，鼓励社会资本参与基础设施、公共服务等领域的建设。多份文件中均建议三者相互结合、相互借鉴。在国家政策方面，将混合所有制改革放在了我国经济体制改革的重要层面，职业教育的发展也受到了前所未有的关注，PPP 作为

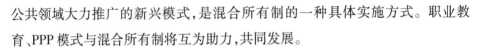

公共领域大力推广的新兴模式,是混合所有制的一种具体实施方式。职业教育、PPP 模式与混合所有制将互为助力,共同发展。

第二,参与主体重合。

《决定》中鼓励发展混合所有制职业院校,其中的办学主体既包含混合所有制中的经济成分,如国有资本、集体资本、非公有资本(个体、私营、外资等)以及具有国有和集体成分的合资、合作经济等,又包含其他具有实力的各类院校,如民办院校、公立院校、股份制院校、混合所有制院校等。《指南》中所称社会资本不包括控股国有企业以及政府所述融资平台。比较三者的参与主体可发现,三者主体重合。高职院校的办学主体可以包含混合所有制中的经济成分,但要求混合所有制高职院校必须有两个或两个以上不同类型的办学主体,且至少有一个国有资本主体参与。PPP 模式主体主要为非国有企业,与混合所有制中除国有资本外的主体相符合,高职院校 PPP 项目非国有的各级各类学校也可以参与,这与职业院校引入的社会力量主体重合。

第三,双方互助融合。

PPP 是发展混合所有制的战略选择,混合所有制是 PPP 的发展助力。PPP 模式是混合所有制在公共服务领域的一种具体操作方式,在该范围内促进了国有资本与民营资本的深入合作。混合所有制通过产权结构间接地改变院校的治理结构,在多元化的治理结构下,PPP 模式将更为便捷、有效地实施,且更加规范、透明、有保障。目前,PPP 项目多用于院校的基础硬件设施建设,与院校的合作管理较少;真正意义上的混合所有制院校为数不多,多集中于二级学院的研究与实践。两者在其他行业及领域已有不少的典型案例,但因教育领域的特殊性,不能直接采用其经验。对于职业教育与社会力量合作办学的战略布局,尚需要大量的实践。综上所述,PPP 方式用于混合所有制高职院校具有可行性。

三、混合所有制高职院校引入 PPP 融资实践的基本框架

根据以上对 PPP 模式以及混合所有制引入高职院校的可行性分析,本书分析提出了混合所有制职业院校引入 PPP 模式运行机制的设计方案。

(一)PPP 模式的基本结构

1.组织与保障主体

混合所有制高职院校 PPP 模式的结构以明确的产权结构、多元的治理结构为基础。

明确资产范围,建立产权结构。建立产权结构,首先应该明确学校资本的范围,其次应对所有资产进行评估,实现产权的合理分配,最后应建立产权流动机制,实现产权交易的可持续发展。依据《会计辞典》对资产的定义,结合前文对融资方式的概念界定,学校资产中的无形资产指学校长期使用的不具有物质形态的资产,如发明专利、非专利技术、名誉权、著作、土地使用权、课程、教学方法、以及有经验的教师、优秀学生、管理人员等人力资源。无形资产的评估最为困难。学校本就是前沿科学与技术的开发地,拥有数量庞大的专利发明、高水平技术、课程开发以及人力资源,但无法确认专利与技术对社会生产产生的经济提升作用,无法确认优质的课程资源与优秀的教师对人才培养的巨大作用,更无法对这些无形资产做出评估。我国对学校资产的评估缺乏经验,这无疑阻碍了学校资产评估的进程。我国允许除了资本以外的多种要素参与混合所有制办学,进一步增加了院校资产评估的难度。因此,亟须完善资产评估制度,以促进院校产权保护制度的建立。

凯恩斯认为储蓄状态的资金是"死钱",处于流动状态的资金才能成为资本。建立混合所有制院校也就是建立不同所有制产权的流动机制。然而,教育市场内部,尚未形成完善的准入准出机制、竞争制度以及产权交易机制,产权流通困难,缺乏有效的法律法规保障,产权交易存在高风险。

规范主体行为,建立治理结构。高效的治理结构是维持高职院校稳定运行的制度保障,是产权中的使用权的制度设计。[①] 鉴于混合所有制高职院校产权多元化的特点,以及各方公益性与营利性的不同,为避免部分办学主体追求利益最大化而牺牲院校公益性质,避免院校的非营利性质阻碍社会资本参与办学的积极性,由公共部门以及私人部门共同成立董事会和监事会,由董事会负责院校的建设、运营、管理、融资等所有事务,监事会监督、评估院校的整体运营以及高校学生意识形态的把控。

公共部门与私人部门构成了委托代理关系,公共部门是委托人,将公共领域的部分服务委托于私人部门承担,私人部门作为代理人完成接受委托的公共

---

① 姚翔,刘亚荣.混合所有制高等院校发展的宏观治理结构探索[J].中国高教研究,2016(7):37－42.

领域基础设施的建设、运营、管理等。投资人与经营者也存在委托代理关系,投资人提供项目资金并要求经营者用尽可能少的资金完成高质量的项目,经营者代理项目建设,希望获得充足的资金以保证项目的顺利进行。以上高职院校建设中,政府、学校、投资人是委托者,董事会是代理机构。政府与学校是公益性的代表,追求教育服务的非营利性;投资人渴望投资获得巨大回报;代理机构要同时满足所有委托人的意愿,委托人之间、委托人与代理机构之间的利益诉求存在矛盾点。委托者与代理机构相互博弈的过程中,治理结构成为约束博弈行为的"金箍"。

社会各方参与高职院校办学,合作不局限于其具体行为中,还应包含企业意识形态层面的交流与课程渗透。企业形态文化外显为企业的制度管理、产品设计、创新理念、服务意识、社会责任感等方面,内隐于企业的价值观和人文理念方面。企业形态文化可以通过课程引入和课程开发得以体现,要求企业专业技术人员和管理人员参与课程设计开发、课程教授、技能训练等过程,院校可以实时了解行业动态,迎合产业需求,培养与企业更加契合的高素质人才。[①]

2. 融资与设施建设

融资是 PPP 模式最主要的功能。学校是有计划、有组织地进行系统的教育活动的组织机构,职业教育既非纯公共品又非纯私人品,职业教育领域的融资区别于政府融资和企业融资。经济学中的融资指的是货币的借贷与资金的有偿筹集活动。职业教育融资的范围则在此基础上被扩大了,除了社会资金的筹集,还有人力资本、管理经验等社会力量的筹集。社会资金包含私人部门投资以及政府财政拨款两部分,私人部门投资是重点引入对象,目的在于减轻教育财政负担。社会力量以企业的管理经验、生产技术,院校的教育教学方法、人才培养、课程开发等为主要内容。公私双方的合作成效最终体现于人才培养质量。

设施建设是 PPP 模式的基本功能。私人部门的准入准出机制是 PPP 模式的重要组成部分。财政部明确了公共部门引入私人部门的具体操作指南,对于高职院校 PPP 模式,需要综合考察私人部门的资金实力、建设资质、管理服务经

---

① 肖凤翔,李亚昕,陈潇.论现代职业教育治理中企业权利的重构[J].职教论坛,2015(24):5-8.

验、价格、院校治理计划、教育教学模式、人力资源等要素,过程中院校应与私人部门进行充分、深入的协调沟通,竞争性磋商应为首选伙伴选择方式。项目建设完成后,社会资本退出项目有两条路径:移交与资产证券化。

完整的 PPP 项目包含设计、融资、建设、运营、移交等多个环节,过分重视融资而忽略其他步骤,则难以构建能可持续发展的结构框架体系。在发挥 PPP 融资功能时,应将 PPP 模式的实践探索作为切入点,推动高职院校的融资制度体系的建设。

3. 混合所有制职业院校引入 PPP 模式的整体设计及职责说明

董事会。董事会是实现混合所有制高职院校治理机制的核心,由政府、院校以及各社会资本方共同成立董事会。董事会成员由全体股东选举产生,其中三分之一的董事应具有五年以上的教育教学经验(《中华人民共和国民办教育促进法》第三章第二十一条),由董事会负责院校的建设、运营、管理、融资等所有事务。董事会行使下列职权:聘任和解聘校长;修改学校章程和制定学校的规章制度;制定发展规划,批准年度工作计划;决定教职工的编制定额和工资标准;筹集办学经费,审核预算、决算;决定学校的分立、合并、终止;决定其他重大事项。基础设施建设、教育教学、实习就业以及其他业务是董事会的"主营业务",同时,董事会需要接受监管部门的监督以及定期的工作绩效评价、审核。

监事会。监事会是以政府、院校为中心的监管及评价体系,以法律法规、政策等具有强制性的规章制度为基本原则,约束院校治理行为;建立教育教学评价体系,定期考核教师教学质量,评价课程与实训设置,处理学生教学反馈等;对院校所有教职工进行科学、全面的工作绩效考核及评价,结合适当的奖惩机制,调动教职工的工作积极性;院校的管理、经营、利益分配、财务状况等均属于监管范围,以防范不良行为;全面落实意识形态教育工作,实时把控院校意识形态动向。

基础设施建设。基础设施建设以 PPP 模式为首选方式。项目由董事会直接管理,具体操作由院校社会资本独立完成,也可以与外来社会资本合作完成,或者全权委托给外来社会资本,但院校社会资本要起协助、监督作用。融资董事会中的社会资本成员,自身拥有雄厚财力或者有其他资金来源,可以通过自身投资或者引入外来社会资本参与投资,担负院校办学经费的筹集工作。在基础设施建设过程中,通过 PPP 模式引入不同规模的外来社会资本,也是融资的一种有效途径。

教育教学。以深化校企合作为主要目标,探索适合的人才培养模式,如"订单"模式、工学交替模式、校企互动模式等。完善实训基地、生产设备等硬件设施建设,为学生提供良好的实践学习环境;促进院校与企业的人力资源互助,积极培养"双师型"教师,提升教师教学水平;校企双方共同参与院校的专业建设与课程开发,使人才培养更加契合市场需求;鼓励校企双方进行深层次合作,共同参与技术研发、员工培训。

实习就业。校企合作培养出的人才更加适应本行业的人才需求,人才"内部消化"一方面帮助学生解决就业问题,院校声誉因就业率提升而美化;另一方面,"企业内部化"是稳定校企长期合作关系的重要途径,学生成为企业的"准员工",院校与企业的关系由"合作人"转变为"组织人",成员关系趋于稳定。

其他业务。与其他院校、企业的业务合作、资产租赁等其他业务的开拓,也可作为办学经费的来源之一。(如图 5-1 所示)

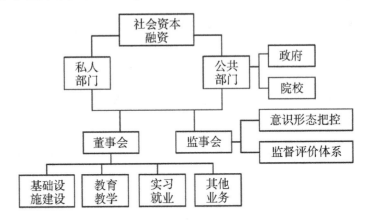

图 5-1　混合所有制高职院校引入 PPP 模式的结构图

(二)PPP 项目建设与管理

PPP 项目合作期间,以资金合作与其他资源合作为主,主要内容有通过社会资本为项目融资、利用企业技术建设项目等。根据不同时期合作内容不同、方式不同,将合作阶段分为项目建设阶段与管理运营阶段。

1.项目建设基本原则

项目建设期以吸引大规模的投资资金为主要内容。PPP 模式作为新型融资平台,其合作共赢的特点,使项目形成有效的激励约束机制,达到调动社会闲置资本、优化资源配置,为高职院校拓展资金来源渠道,减轻财政负债的目的。不同的投资者具有不同的利益诉求与风险偏好,不同特点的融资模式,适合不同性质的社会投资者,复合式的融资模式结合多种融资模式,能更具针对性地吸引不同性质的社会资本。高职院校可根据自身具体情况,设计科学合理的融资方式。

2. 项目运营管理宗旨

项目建设完成之后进入管理运营阶段,此时院校不应再以社会资本为重点引入对象,资本的过度引入与渗透将会对高职教育质量产生扭曲性影响,以人才培养、管理经验为主的社会力量应重点引入。[①] 在管理运营阶段,企业主要以其成熟的管理经验、引入市场竞争理念、专业性强的人力资源团队参与项目后建设期。教育领域 PPP 模式中的"私人部门"除了包含非国有企业之外,还包含非国有院校、教育机构等,此部分教育组织拥有先进的教育理念、完备的教育治理体系、课程开发技巧等丰富的教育教学经验。社会力量以无形资产参与项目管理与运营,是 PPP 运行机制中不可缺少的部分。

项目建设与管理运营是独立运行又相互联系的阶段,项目建设是基础,管理运营是保障,整合运行构成 PPP 模式运行机制。

3. 项目管理监督职能

混合所有制的建立过程就是高职院校治理结构的重建过程。传统的高等教育治理主体单一、行政主导、教师与学生等群体参与度不高、依赖政府力量等弊端凸显,缺乏内在激励。社会资本的引入,改变了治理主体单一的现状,同时转变了政府与院校的角色,在市场作用下实现院校资源的合理配置,打破了行政主导的局面。公共部门是社会公众利益的代表,是高职院校公益性的保障。在治理主体多元的情况下,政府和院校需要进行指导与监督,以保证社会利益最大化的目标。

建立以政府、院校为中心的监管及评价体系。政府通过法律、政策等方式约束办学主体的行为,具有强制性。院校是教育教学的领航者,把握院校"教书

---

① 熊惠平.职业教育 PPP(公私合作伙伴关系)运行机制构建探析[J].职教论坛,2015(19):73 – 76.

育人"的大方向不偏离。政府应将院校的管理、经营、利益分配等纳入监管范围,防范不良行为。院校应建立教育教学评价体系,定期考核教学质量。

高校是我国意识形态形成的重要阵地,大学生群体更是意识形态培养的主要对象。意识形态的培养对于实现中华民族的伟大复兴、维护我国特色社会主义道路、捍卫国家安全和民族团结等有着重要意义。中共中央办公厅于 2015 年 10 月发布的《党委(党组)意识形态工作责任制实施办法》中,强调了意识形态是我党极端重要的工作,并对各级党委(党组)的责任范围做出了要求。在混合所有制高职院校治理结构建设中,意识形态工作是其中非常重要的部分。党委是代表广大人民利益的公共部门,且不参与混合所有制的利益分配,但有责任与义务监督院校意识形态发展。因此,将意识形态工作纳入监管评价机制较为合理。

(三)PPP 模式的基本职能

1. 改善组织机构

混合所有制高职院校拥有多个产权主体,不同的利益主体相互牵制、相互监督,有利于形成民主、多元、更为有效的治理结构。

企业只有获得办学主体位置,把握经营过程、利益和风险,才能积极主动参与职业教育办学,这也必然改变高职院校原来组织架构,使组织机构更加灵活,适应混合所有制的改革。

2. 优化资源配置

凯恩斯认为储蓄状态的资金是"死钱",处于流动状态的资金才能成为资本。混合所有制改革意在促进国有资本与私营资本的合作,盘活存量资产,带动经济增长。政府与民营资本在职业教育领域建立长期合作关系,以实现双方优势互补、资金的有效利用与流动,政府财政负担减轻,同时也满足了其他社会投资者的投资需求,民营资本得以充分利用并开拓了发展领域。

PPP 模式实现了社会力量的优化配置。处于市场中的企业具有丰富的管理经验、竞争意识以及先进的生产技术,院校则擅长教育教学、课程研发、教师培养等。这些社会力量的配置通过公私双方的深入合作实现。企业的需求引导高职院校的人才培养理念,以校企联动的方式实现院校的治理结构改革、专业设置、课程研发、"双师型"教师培养等。公私双方的互动融合,是社会资源的有效利用,也是人才培养质量提升的根本。

3.激发办学活力

混合所有制高职院校引进了多个不同办学主体,为职业学校增添了办学活力,推动了高职院校的"市场化",同时减弱了高职院校对政府的依赖程度,高职院校不得不依靠自己谋求发展。职业学校的特殊性,决定了其与市场密不可分。将社会资本引入高职院校,使学校面对市场竞争,拥有充分的自主管理权,才能使教育资源的配置实现效率最大化。

第六章　高职院校混合所有制产业学院中的产权与股份制应用

第一节　高职院校混合所有制产业学院中的产权定位

一、产权理论及其启示

现如今,关于产权问题的研究,主要集中于企业。近年来,国有企业转型已成为我国经济体制改革的重要内容,而其内部的产权变革是改革的重心。产权理论既有共通的部分,也有截然对立、本质不同的部分。

(一)产权的定义

自20世纪80年代中期,我国的理论界主要是经济学界,就开始关注"产权"问题。产权是经济所有制关系的法律表现形式,即财产所有权。何为产权?《牛津法律大辞典》认为,产权也就是财产所有权,它包括占有权、使用权、出借权、转让权、用尽权、消费权和其他与财产有关的权利。它是人与人之间经济关系形成的纽带。从本质上来讲,它是人与物之间的关系。

(二)产权的特性及功能

从产权的本质来看,产权具有流动性、排他性、明确性、可分离性、收益性及法律性等特征。

产权作为一种经济上的权利制度,在经济生活中具有十分重要的作用。产权的功能主要包括保障与协调功能、激励功能、约束功能及优化资源配置的功能。其中最主要的是激励、约束和优化配置功能。

在任何社会,人的需求作为一种欲望都是无止境的,而用来满足人们需求的资源却是有限的。在人类社会发展过程中,必然会发生争夺资源的竞争和分享现有资源所引起的利益纷争。如果在这种竞争中,没有合理的产权制度加以约束,那么利益纷争问题就得不到妥善的解决,难以实现资源的合理配置,经济效益就会明显下降,经济发展就会受到阻碍。所以,为了让资源得到更好的利用,就必须使用产权优化资源配置,从而推动科学技术和经营管理的进步,促进劳动效率提高。

(三)产权理论的启示

随着我国经济社会的大发展、大变革,我国的教育事业也进入了蓬勃发展时期。职业教育逐渐受到重视,各项与职业教育相关的政策不断推行。在社会主义市场经济大环境下,在教育领域引入经济学概念,打破了单一经费来源的束缚,学校办学主体多元化,"混改"也逐渐成为高职办学改革探索的重心。产权理论是混合所有制的核心内容,只有产权明晰,高职院校办学才具有活力。

与传统高职院校相比,参与高职院校混合所有制产业学院办学改革的办学主体更多元化。办学主体的多元化导致学校必须建立明确的产权制度。只有产权清晰、让所有权和经营权相分离,才能建立新的办学模式,充分发挥其办学的自主权。

借鉴经济领域的产权理论,学校若要建立明确的产权制度,就应该做到以下四点:一是要从思想上破除传统思想的限制;二是要明确无形资产的价值,要牢记教育的本质;三是学校进行"混改"探索时,要确保国有资产的保值,也必须保证国有资产在股权变更的过程中不流失,因此,必须建立一个公平的产权制度;四是要明确学校法人及参与办学主体的财产权利,遵循"谁出资,谁所有"的产权界定逻辑。只有明确各项主体的义务,才能保证学校办学能够得到长久的发展。

高职院校在进行混合所有制办学改革时,除了要保护实体资产之外,还应当注重无形资产的保护。学校的无形资产包括学校品牌、学校办学质量、师资力量、教职工专利及学校管理经验等。无形资产在学校办学时,地位不够明确,往往容易被忽视。然而,在学校办学过程中学校品牌等无形资产对学校的发展及后期建设起着巨大的作用。学校在进行混合所有制办学改革时,要建立和完善无形资产的评估机制,重视对无形资产的保护。

二、混合所有制办学中的产权多元化

什么是产权多元化?产权多元化是指产权结构的多元化,就是投资主体的多元化,换句话说就是各投资方变多了。在原来的高职院校中,学校的出资者只有政府一人,那么该学校的产权结构就是单一的;高职院校在进行"混改"之

后,参与学校办学的主体不仅仅是政府,参与办学的主体就变得多元化,那么学校的产权也变得多元化。因此,学校的产权多元化意味着学校的资产不是简单地由政府出资投资组合而成,而是由众多社会资本投资组合而成。

(一)产权多元化的意义及作用

1.产权多元化是学校办学发展的必然要求

在经济领域,国有企业最初也采用单一的产权结构,国家是企业的出资人。后来,随着社会经济的不断发展,生产力的迅速提高,企业发展需要越来越多的外界资本的支持。高职院校也是如此,单一组织形式越来越难以适应经济发展的需要,一种新的办学模式——混合所有制逐步产生。混合所有制办学的产生有效地解决了学校办学的资金问题,拓宽了办学资金来源。在混合所有制办学模式下,高职院校产业学院可以变成一个独立的法人组织,可以在独立的法人财产的基础之上开展办学。学校可以从社会各界筹集资金,为学校办学资金的集中提供了可能。

2.产权多元化是激发我国高职院校办学活力的前提条件

若要改变我国高职院校的办学现状,进行混合所有制办学就不仅要有明确的产权界定,而且还要有多个参与办学的主体。过去我国高职院校的办学经费都由政府财政拨款,所有权都集中在政府手中,私人资本参与办学并不为政府所倡导,很大程度上剥夺了社会对学校办学的知情权。传统的办学模式已经无法满足当今社会对高职教育的需要,只有在多个办学主体同时存在的条件下,我们才能真正地改变高等职业教育,促进学校办学长远发展。由此可见,高职院校若想改变办学现状,离不开产权多元化的变更。

3.产权多元化可以改变学校"行政化"的局面,提高学校的办学水平

各地的办学实践表明,不论什么样的高职院校,只要产权结构单一,办学开展到一定程度就必然会产生一些难以克服的困难。传统的高职院校产权结构单一,难以摆脱行政干预的问题。在单一产权制度下,政府作为高校的唯一出资人,难免会利用手中的出资人所有权对学校的经营管理进行行政干预,使得学校成为听从政府行政命令、承担政府教育职能的工具,导致学校在办学过程中活力不足。产权结构单一导致学校"行政化"倾向严重,使学校不能真正成为自主办学的法人实体和经济生活中的一员,使政府与学校的关系偏离了社会发

展要求的轨道。单一的产权结构容易导致学校股一股独大,学校办学的约束机制受到限制。参与办学的股东、校内教职工和广大的社会大众却"无权"监督,不能参与学校的办学管理。在这种情况下,学校的办学水平就难以得到提高。

产权多元化有利于缓解高职院校的"行政化"现状。高职院校进行"混改",将改变原有的办学体制,实现产权多元化,将直接减少政府对学校的干预。这是因为,参与办学的主体和学校在法律上都是平等的,政府不能只考虑国有产权主体的利益,也不能将自己的利益强加于其他股东。政府可以通过对学校管理层的任命在学校董事会上发表意见,参与并影响学校办学。这就使得政府的权力得到限制。从学校办学的角度来说,进行"混改"后的高职院校不再是政府的"附属品",也可以不再依赖政府,它可以面向社会,适应市场的需求,同时以自己拥有的法人财产权进行独立办学,保证了所有权和办学权的分离,缓解了"行政化"倾向的压力。

4.产权多元化可以提高学校的办学效率

我国高职院校的办学效率低下,有历史的原因,也有办学模式的原因,但最主要的原因是学校产权的单一化。传统高职院校的单一产权给学校带来了严重的校内治理问题,表现为"行政化"倾向严重、学校股一股独大等。我国高职院校办学一直受政府主导,政府实际上是真正的主导者。政府的控制往往容易导致学校无法对市场的需要做出即时的反应,容易导致学校的办学目标与市场需求脱轨,办学目标的错位带来的是办学效率的低下,就会造成高职院校办学落后于市场。"混改"是一种新的办学模式,其基本特点是在股权多元化的条件下实现办学权和所有权的分离,即由一批非所有者、"中小投资人"、校内教职工参与学校办学,从而形成高效运作的办学机制。产权多元化有利于增强各参与办学主体的风险意识和责任意识,强化学校的自我约束机制。高职院校进行"混改"之后,作为独立的办学主体,在新的法律法规保护下,可以进入市场,适应市场的需要,使得学校办学更加科学、合理化。

(二)高职院校产权多元化探索

1.高职院校法人交叉持股

高职院校法人交叉持股就是在单一股的高职院校中,引入其他办学主体,将原本单一股权的高职院校改制为具有多元办学股权的高职院校,帮助学校建立多元化的产权。

高职院校交叉持股一般是通过相互持有股权来实现的。股权的互换即是在两家或者多家高职院校进行"混改"的基础上,对股权进行改制,把行政上的"单一婆婆"转变为办学上的"多元婆婆",从而改变了学校的办学机制,使得参与办学的学校之间相互影响、相互促进,进而淡化了行政主管部门对学校办学的直接干预。高职院校法人交叉持股,创办二级学院,开设新专业,也是其探索"混改"的一种新方式。

陕西职业技术学院积极引入社会资本,与多家企业共建了多个"混合所有制""现代学徒制"二级院系。学院以其校名、校誉、知识产权、办学资质和教学管理等无形资产以及校园、校舍、部分教学设施设备、基础理论和专业课程师资等有形资产作为合作办学的资本。世纪鼎利则投入3500万现金及500万设备等有形资产以及企业品牌、荣誉、知识产权等无形资产与校方进行合作办学。世纪鼎利提供教学管理、学生管理、人才培养方案、专业课程及实践教学师资、教学设备、实习实训、产业资源、招生支持、企业就业资源等服务;陕西职业技术学院则通过购买服务的形式支付教学、管理成本。双方共同投资,进行合作办学,于2016年签署了共建鼎利学院的协议,并于年底合资建成具有混合所有制性质的陕西职业技术学院鼎利学院。随着合作的不断深入,学校必将致力于服务区域经济发展,为当地输出大量高技能的应用型人才。

部分高职院校在改革时除办学性质改变、建设二级学院之外,还借助当地经济优势,与当地政府、企业共建新型专业。

唐山工业职业技术学院依托附近高职院校和地方区位优势,与合心机械进行深度融合,以"联合开发、优势互补"为原则开展合作。合心机械投资千万元,学院投资基础设施等教育资源,成立唐山曹妃甸机器人系统集成股份有限公司,承担教学实训和生产任务,为学生实践教学提供了便利的场所。学院与合心机械合作办学,共同引入企业员工、文化等优势要素,共同开发机器人专业;同时,合心机械为学院专业引入工程师,作为学院授课的专职教师;学院教师与工程师、课程专家共同讨论如何育人、帮助学生成才等问题。此外,合心机械还引入部分企业设备,将部分订单转移至学校,为学生提供实际操作机会,真正实现产教融合。

2. 吸引民营资本参与办学

在多种所有制经济中,个体、私营等非公有制经济占据着重要地位。在高职院校进行"混改"的过程中,需要加大民间资本在学校改革中的产权比重,让学校办学进入信息沟通流畅、制度有活力、发展有前景的企业中,搭民间资本的"便车",营造民间资本参与、学校合作办学的"混改"新局面。

扬州工业职业技术学院在区园企校共发展的理念指导下,与企业共同探索开展全面深度的合作机制:以人才培养为立足点,学校依托校企合作理事会,对接区域产业园,共建石油化工、建筑、信息、自动化、机械、汽车、现代服务七个专业的特色产教联盟,贯彻落实产教融合的办学理念。

在创建具有专业特色的产教联盟之外,扬州工业职业技术学院还与扬州市公铁水联运物流集聚区共同出资,组建了混合所有制的扬州百分百电子商务创意产业园有限公司。学校通过资金投入和智力支持,占有 20% 的股份,并且全面参与并指导产业园区的运作。产业园下设理事会领导下的百分百商学院。产业园整合了政、校、企三方资源,帮助学生在学习中提升创新能力,打造了新的"工学创"育人方式,将学生的创新训练项目、教师研究项目与企业经营项目深度融合,形成了"三融合"的项目化课程开发模式;并且通过人员互聘、职务互兼、项目互助等形式,组建了"混编"的双师型教师教学团队,建立了"工教创"的教师培养机制。创意产业园已经成为学校现代服务类的"教学工厂"和技术服务基地,在帮助学生全面提高实际能力的同时,也帮助学校充实了办学资金。

三、产权多元化仍面临的挑战

(一)政府还未出台指导性文件

政府对高职院校"混改"并没有做出明确的规定,仅仅是制定了宏观的引导政策,并没有做出细致的规定。中央政府从国家的层面提出了要探索发展股份制、混合所有制高职院校,给各高职院校办学指明了办学方向,但还没出台配套的法律法规,导致各高职院校办学得不到法规的保障。[①] 山东省混合所有制改革一直走在全国前面,2015 年率先以省为单位开展混合所有制办学改革试点,已成为全国混合所有制改革的"策源地"。以山东为样本,高职院校混合所有制

改革法规方面存在两方面问题。一是法人属性不明确,未对参与改革的学校的性质做出清晰的认识。山东省政府对山东畜牧兽医职业学院实施的股份制生产性实训基地建设并没有明确的批示,也没有明确该股份制生产性实训基地的法人属性。二是产权归属不明确。高职院校进行"混改"就意味着肯定有不同性质的资本参与办学,这就会涉及产权的划分、资产的配置、资本的流动等问题。而山东省政府并没有为省内参与办学改革的高职院校提供有效的明晰产权的办法。这就导致企业参与办学难以深入,容易导致企业的营利性与教育的"无偿性"之间产生矛盾。

(二)院校尚未理顺产权归属

混合所有制高职院校的产权归属问题是高职院校进行"混改"过程中必须解决的一个问题。

一是目前参与办学的各方主体将办学视为一种投资获利的方式。不少参与办学的社会资本均希望通过投资教育而获得收益。然而,教育是公益事业,众多参与办学的企业或个人无法通过投资办学获得合理的回报。政策只是提出了学校产权结构调整的方向,并没有涉及财产具体的使用等情况的解释,这就导致了学校内部治理结构依然无法合理划分。①

二是产权结构问题。混合所有制的本质就是产权结构的多元化,产权多元化不仅能推动学校办学改革,还能激发学校改变办学现状。与其他国家成熟的市场机制相比,我国产权交易市场尚未确立,还在起步阶段,缺少规范化的资产评估过程,制度不健全。② 同时,由于我国高职院校的资产牵涉到多方面,再加上我国教育事业的公益性导致了我国众多高职院校在办学的过程中几乎不考虑投入与产出的问题,久而久之就留下了很多难题。学校产权无法顺利流通、资源利用率不高等问题直接影响了各类主体进入办学,直接打乱了高职院校改革的步伐。

三是资产无法进行合理流动。混合所有制高职院校在办学过程中其资产能否进行合理流动是众多参与改革的高校重点探讨的问题之一。人才培养的

① 孟源北,樊明成.发展混合所有制职业院校的若干思考[J].中国高教研究,2016(5):92-96.
② 石晓楠.职业院校混合所有制办学模式探究[J].人才资源开发,2017(8):187-188.

周期、教育的滞后性决定了学校办学必须拥有长期稳定的投入。如果允许资金随意流动,势必会增加办学的风险。但资本的逐利性也决定了其总是流向能够获得更大利润的领域,以实现资本的增值。因此,限制资本的流动,在一定程度上浇灭了非公有资本参与办学的热情,导致公办高职院校探索混合所有制办学的道路变得更加曲折。

(三)企业未明确角色定位

一直以来,高职院校办学与企业的合作都停留在表面。企业希望参与合作的学生具备系统的知识体系,能够进行实际的操作。但是,去企业实践锻炼的学生都无法适应企业快节奏的工作方式,有的甚至无法直接进入工作岗位。然而,往往以营利为目的的企业并不能准确把握自身在校企合作中的位置,也不明确自己应承担什么样的义务,履行什么样的责任。大多数的企业都只是从自身的角度出发,要求学校怎么做,却没有意识到职业教育的本质,企业离不开学校,学校也离不开企业。在进行"混改"的过程中,企业并没有找准自己的位置,大多数企业依然注重利益的回报,没有看到长远的投资,因此企业参与办学时慎之又慎。

第二节　高职院校混合所有制产业学院中的股份制应用

一、股份制理论及其启示

21 世纪初期,我国经济发展取得了巨大的成就。随着改革的进一步深入,一个迫切需要说清楚的问题摆在面前,这个问题就是:如何对当时中国的所有制状况及其实践形态进行描述? 这个问题迫切要弄清的原因在于,经济的增长与发展,表现在现实的社会经济生活之中,最终要在所有制的层面上表现出来。改革越深入,这种表现就越明显,对生产力的发展以及公众的切身利益的影响就越大。

(一)股份制的定义

所有制问题曾被称为是改革的"雷区",马克思曾指出:"一切所有制关系都经历了经常的历史更替、经常的历史变更。"这表明,所有制的调整与完善是历史发展的必然。不对"超前"于我国生产力发展水平的所有制经济改革,就不能推进我国的社会主义事业。改革的实践逐渐消除了思想上的禁锢,于是"混合所有制"的提法就出台了。混合所有制体现在企业制度上就是股份制问题。股份制改革逐渐在经济领域的企业中上演。

股份制又是股份经济。它是一种特殊的经济方式,简而言之就是资产股权化。它是所有权使用的表现形式。换句话说,它也是企业财产所有制的一种形式。股份制的基本特征是生产要素的所有权与使用权分离,在保持所有权不变的前提下,把分散的使用权转化为集中的使用权。实践证明,股份制是一种最有效的资本组织形式。[①]

(二)股份制的特性及功能

一般来说,股份制具有以下几个基本特征:

一是具有将社会上的分散资金整合起来的集资功能。马克思的观点认为,资本增大有资本积聚与资本集中两种方式。股份制正是将这两种方式组合运用形成资本联合,以达到筹集资金的目的。建立股份制公司可以解决社会化大生产对资本的大量需求与资本分属不同所有者的矛盾。

二是股份制可以提高资本的利用率。财产所有权的分离使企业法人具有资本的实际支配权,使企业的经营管理活动变得更加科学化、专业化和效率化,可以有效避免一些责权不清、管理混乱的情形。企业可以根据社会和市场的客观需要,按照市场经济的运行规则,让企业资产的存量或增量依据市场形成的价格进入市场进行交易,从而使资源向经济效益高的方向流动,达到资本的优化配置。

三是股份制有利于形成权责明确、管理科学的新型企业内部管理体制并有利于促进企业家阶层的形成。企业的法人所有权、股权和经营权的相互分离又相互统一,使企业内部形成强有力的制约机制和动力机制,同时也增强了利益和风险机制的活力。股份制有利于调动企业员工参与管理的积极性,提高企业员工投身工作的热情;有利于提高企业经营效率,为企业带来实质性的收益;使企业经营方式变得更加灵活;可以为企业注入新的生命力,增强企业运营活力,

---

① 黄挺. 股份制的理论创新与改革实践[J]. 南方经济,2004(4):13-14.

创造新价值。①

四是股份制促使投资主体多元化,有利于投资主体形成利益共享、风险共担的经营意识。一方面,由于股权分散,拥有企业股份的股民对企业只承担部分责任。当企业破产时,股东只需要承担自己购入的股份那部分的责任,无须承担别的股东的责任。另一方面,股东可以选择在恰当的时机卖掉自己持有的股票,这样既可以保护自己的利益,减轻自身经济负担,也可以帮助企业缓解压力,以达到保护企业利益的目的。

经济领域的股份制极大地激发了市场经济的活力,提高了企业的经营效率。近年来,国务院提出要激发职业教育办学活力,倡导社会力量参与办学。将股份制、混合所有制引入教育领域能否真正激发公办高职院校的办学活力,改变公办高职院校的办学现状? 公办高职院校进行"混改"之后是否依旧可以保持其公益性的特点? 这些问题还有待探讨。

(三)股份制理论的启示

党的十九大报告明确指出,要"完善职业教育和培训体系,深化产教融合、校企合作"。我国高等教育对社会经济发展起到积极促进作用,高职院校作为高等教育中的重要组成部分,不单单要在数量上增加,还要在质量上严抓。传统的计划经济体制束缚了我国教育的活力,制约了我国教育投资,国家财政拨款是高职院校办学的资金来源。在社会发展的初期,这种教育投资体制在一定程度上可以促进经济的发展。但随着我国改革的不断深化,市场经济制度不断完善,传统教育投资体制的局限性日益显现,陈旧的办学模式限制了学校自身的发展,学校逐渐落后于社会发展。

根据 2021 年教育事业统计数据结果显示,我国高等教育毛入学率达到57.8%。全国共有普通高等学校 3012 所,其中高职(专科)院校 1486 所。我国高等教育进入普及化阶段,越来越多的学生进入高职院校学习。因此,国家的财政拨款为学校提供了办学资金,但不够充足。在这种情况下,高职院校为了继续办学就需要寻找社会资源,用社会资源带动办学。而且,职业教育的本质就是要与企业进行合作,以培养更优秀的人才。因此,进行混合所有制办学改

---

① 王安兴. 高职院校股份制办学体制研究[D]. 天津:天津大学,2013.

革是重中之重。

二、高职院校混合所有制产业学院进行股权设置的探索

高职院校产业学院进行股份制改革过程中,可以根据不同情况进行股权设置。公办高职院校改造为混合所有制高职院校的股权设置,可以按照以下四种情况进行处理:

1. 国家直接投资设立的高职院校以其全部资产整体改造为混合所有制高职院校;原法人单位应予以撤销;原学校的国家净资产折成股份设置为国家股。以苏州工业园区职业技术学院为例。学院在最初成立的时候是姓"公",但后来为了响应政府的号召,学院决定吸引社会资本,改变办学性质。历经了一套烦琐的程序后,学校原来100%的公办资本也降到了2.5%,民间资本则不断增加,最后转制成"混合制"院校。

2. 国家直接投资设立的高职院校以部分资产(连同部分负债)整体改造为混合所有制高职院校;未进入混合的部分只限于少量与生产经营活动无关的生活、服务性资产;原法人单位应予以撤销;原进入股份制改造范围的国家净资产折成的股份设置为国家股;未进入股份制改造范围的部分则应独立经营,或以租赁、托管以及转让等方式暂时由该混合所有制高职院校或其他高职院校有偿使用。

例如民办齐齐哈尔工程学院,作为具有"混改"优势的地方学院,在初具"混合"模型之后,于2014年托管给甘南县职业教育中心学校。之前,甘南县职业技术教育中心学校面临着招生困难、实际办学条件差等多方面压力,双方签订为期5年的委托管理协议。双方承诺托管期间产生的办学经费用于职业学校建设,学校的教师编制不变,并且按照"三分离"的原则,即学校的所有权与办学权分开、产权与经营权分开、举办者与办学者分开,自觉履行各自职责。在齐齐哈尔工程学院的帮助下,甘南县职业技术教育中心学校的生源逐渐增多,同时学校办学条件有了明显的改善,办学的硬件设施、师资力量、教育教学资源等各个方面都有所提高。对齐齐哈尔工程学院自身而言,在提高自身在职业教育领域的知名度的同时,也在一定程度上提高了内部改革的效率。

3. 国家直接投资设立的高职院校,根据办学发展的需要,只将原学校的部分生产经营性资产(连同部分负债)整体改造为混合所有制二级学院;未进入混

合的部分包括相当数量的生产经营性资产。股权设置可按下述两种方式之一确定:一是撤销原高职院校法人地位,原高职院校进入股份制改造范围的部分按规定与股份制二级学院实行分立,独立经营,二者之间无产权关系;二是保留原高职院校法人地位,原高职院校进入股份制改造范围的净资产折成的股份设置为法人股,归原学校法人单位持有并行使股权,可以作为原学校的组成部分或原学校下属的校办企业。在高职院校进行混合所有制办学改革探索的过程中,管理、资金、实训基地建设等不同要素之间的相互作用,对高职院校混合所有制办学改革结果产生了巨大影响,院校中的实训基地数量与之前相比,明显增加。

4.办学资本独立于该学校的其他资产。进行混合所有制办学改革的高职院校包括产权关系经过产权界定或确认的二级学院,以其全部或部分资产整体改造为混合所有制二级学院;该学院进入股份制改造范围的净资产折成的股份设置为法人股。例如,在行业主管部门的指导和协调下,以强化行业内部职业教育,加强产学结合、产教融合,增强为行业发展服务的能力为目标,以专业(群)为纽带,公办高职院校与行业组织、企业等共同建立了合作组织。它是由行业主管部门牵头,行业企业、公办高职院校相关专业共同参与组建的教育机构。

三、股权设置的典型实践——股份制实训基地建设

校办产业股份制改革激发了学校的办学活力。随着改革的不断深化,市场竞争日益加剧。原本传统的办学机制给学校校办产业带来了众多挑战,例如学校无法及时了解市场动态、准确掌握市场最前沿的信息等方面,最终导致校办产业举步维艰。后来,学校转变发展模式,从办学育人出发,以培养优秀的技能型人才为宗旨,提出了不一样的办学理念:充分挖掘学校校办产业的自身优势,密切与地方王牌企业的关系,深挖各自长处,加强合作办学,由此产生了股份制生产性实训基地。

股份制生产性实训基地是学生学习职业技能的主课堂,是打造"双师型"教师的主阵地,是学校服务社会的主渠道。基于股份制生产性实训基地,学院不断通过产品生产、技术研发、社会服务等生产性过程,在实现经济效益的同时培养学生的实践技能,提高学生综合职业能力。股份制生产性实训基地为学生开展实践性学习训练,实现与职业技术岗位"零距离"对接提供了充分条件。在股份制生产性实训基地背景下,学校的教学与生产双重功能得到实现,实践专业

课程体系改革和建设成效突出,特色明显。

在股份制办学改革方面,山东畜牧兽医职业学院拥有丰富的成果:

山东畜牧兽医职业学院以原有校办产业为基础,找准利益共同点、合作切入点,与北京大北农集团、潍坊鑫盛食品有限公司、法国格隆集团等合资合作共建了山东惠康饲料有限公司、山东天宇生物科技有限公司、山东天晟有机农业发展有限公司、山东省新世纪检测认证中心有限公司,学院占20% ~ 40%的股份,成立7家具有独立法人资格的公司,建成集教学科研、生产经营和科技服务于一体的股份制生产性实训基地。

除了建设实训基地、引进现代企业制度推进基地管理之外,学院还依托基地进行了人才培养模式改革。学院在探索办学道路时,提出了一种新的人才培养模式。这是一种在股份制生产性实训基地的基础上形成的人才培养模式。这种模式包括"五真"和"三晋"。"五真"是指学校依托与真实企业的合作,共建股份制实践场所,为在校生提供真实环境、真实企业、真实岗位、真实任务、真实角色,突出了实训过程中各个环节及要素的真实性。"三晋"是指学生由"跟着看""跟着干",到"领着干",实现由观察员、操作员到领航员三个层级的晋升。所谓"晋",即晋升,抑或是工作岗位或技术技能水平的跨越式提升,与真实工作中的晋升意义相类似。第一阶段为识岗。学生接触新岗位、新知识,只是单纯地跟着工作人员观察、了解工作内容,对工作岗位或知识有个整体的把握。第二阶段为试岗。对工作内容和知识有一定的了解和掌握之后再返回到工作岗位上,跟着"师傅"干,实现由看到干的跨越式发展。第三阶段为顶岗。经过知识的有效储备、经验的不断积累之后,学生能够胜任基本工作并解决工作过程中的基本问题,便可以作为"小师傅",带领新生实现"新人"到"准新人"的转变。

四、探索中的问题与挑战

作为我国社会结构调整的产物,将新经济制度嫁接到教育中来,不仅改变院校原有面貌,增加学校办学的经费来源,满足了社会对高素质人才的需求,而且也为高职院校创新办学模式、加强办学竞争力提供了另外一种选择。然而,作为职业教育改革中的一个新事物,混合所有制高职院校办学改革在探索过程中也面临着各方面的困难和挑战。

（一）各方对股权的认识不一

长期以来,我国高职院校办学一直受单一办学主体的思想束缚,导致我国高职院校办学模式相对比较单调。[①] 对地方政府来说,混合所有制是改变原有高职院校办学风貌的一剂强心针。政府迫切希望可以利用"混合"来激发社会资本参与办学,增加各院校办学资金,帮助自身减轻负担。[②] 但不少政府在高职院校办学改革的过程中均有担心国有资产流失的忧虑。一旦国有资产流失,就会导致政府失去对高校的控制权,也会削弱高等教育的公益性。

对公办高职院校而言,他们参与改革也比较被动。一方面,受计划经济影响,公办高职院校的办学经费大多来源于政府的财政投资。在外部环境不明朗的状况下,公办高职院校担心一旦进行改革就会失去政府的"庇护",失去政府政策上的支持。另一方面,具有行政化倾向的高职院校办学也在某种程度上增加了混合所有制办学改革的难度。

对民间资本而言,民间资本担心被同化。从社会资本的角度看,确保资产保值增值和相对独立是他们参与办学的重要基础。投资教育对于社会营利性企业而言,是一种利益的追求。但在目前政策还没确立的状况下,他们担心参与混合所有制办学改革之后会因占股份额减少而失去对学校的控制权,被公有资本同化,因此大多社会资本均处于观望状态,不敢轻易尝试。如何既保证学校资产的稳步增长,又保护好非公有资本的财产安全,是推进混合所有制办学改革的关键之处。

（二）学校对自身股权认识不明确

1. 办学性质不明确

目前来看,参与"混改"的高职院校的办学性质问题成为学界议论的话题。高职院校是非营利法人,其属性决定了该学校具有公益性。然而,进行改革的高职院校不能简单地被认定为民办高职院校,也不能被称为公办学校,这就使得其到底姓"公"还是姓"民"成为一个"迷"。办学性质的混乱,使得社会对混

① 陈丽婷.高职院校混合所有制办学现实困境与发展路径研究[J].中国高教研究, 2017(1):107-110.

② 韩喜梅,王世斌,潘海生,等.高等职业院校混合所有制办学的现实困境及推进策略: 基于文献分析视角[J].高等工程教育研究,2017(5):187-191,201.

合所有制办学存在疑虑,导致学校办学难以深入。

2.学校原本的办学模式可操作空间较小

学校作为混合所有制办学改革的主体,其在校内设置的实际操作课程并不能代替学生在企业中的实践。一方面,学校长期处于知识传授型、试验验证型的旧模式下,开发创造能力得不到锻炼,直接导致高级人才严重缺乏。学校的课程设置、培养方案制订、校园文化建设等方面也达不到企业的要求。另一方面,教师科研能力不够,缺乏高新技术产品的研发,难以将教师所知道的知识转化为生产力,无法与企业做好完美的衔接。①

(三)与股权相关的法律法规出台不足

国务院虽出台了《关于加快发展现代职业教育的决定》,但还没有形成成套的法规。目前来看,并没有专门的法律法规来保护混合所有制高职院校办学改革,甚至有部分法律法规的内容和高职院校办学改革的内容背道而驰。

一是学校的法人地位不明确。"混改"作为一个新鲜事物,既属于公有,也属于非公有。它到底是姓"社"还是姓"资",目前的法规都没有做出明确的规定,因此依法治教的治国方略就无法落实。法人地位模糊,就意味着它无法得到法律的保护。在这种情况下,许多学校对"混改"项目不敢轻易尝试,或者部分学校仅局限于在二级学院层面展开探索。

二是各方投资产权收益得不到保障。《关于加快发展现代职业教育的决定》中明确指出,允许资本、知识、技术、管理等要素参与办学并享有相应的权利。这就要求学校办学能产生一定的盈利,并能给其他参与办学主体一定的回报。这也是进行产权结构调整的根本所在。但从实际来看,《中华人民共和国高等教育法》第二十四条表明教育具有公益性,任何人不能拿教育来追逐自身利益。同时,《中华人民共和国民办教育促进法》也指出,民办教育虽有社会资本参与办学,但依然是公益性事业。上述法律中均没有涉及收益分配的问题。另外《关于社会力量办学的若干暂行规定》和《社会力量办学条例》都没有涉及出资者的所有权。在这样的条件下,出资者的财产就会面临一定的风险,出资者就无法获得资产的剩余价值。

---

① 李瑞彩.摆脱高等教育产业发展症结性困扰:建立混合所有制,实现投资多元化[J].河北职工大学学报,2000,2(1):52 – 53.

第七章　高职院校混合所有制产业学院的改革方向

第一节　高职院校混合所有制产业学院改革的价值取向

高等职业教育混合所有制改革的价值取向是提升我国高等职业教育的整体竞争力,满足人民群众更多层次、更高质量的高等职业教育需求,精准服务关系国计民生的国家重大产业发展,提升我国职业教育人口的基础素质和产业创新发展水平。它具体包括以下四个方面的内涵。

一、坚持育人为本的价值取向

高等职业教育混合所有制产业学院改革的根本目的,在于提高人才培养质量。高等职业教育混合所有制产业学院,实现了多元产权结构的复合。不同主体被纳入教育体系和教育治理结构,具有鲜明的教育属性。以育人为本、培养高素质的专门人才是高等职业教育混合所有制产业学院改革的初衷。教育资本的扩大、教育条件的改善、教育实力的增强、产学研的深度结合、教育氛围与环境的营造、师资力量的强化、教育市场虹吸效应的形成,高等职业教育混合所有制改革的所有红利因素全部归结到"以育人为本",让学生享受更高质量、更加多样化的高等职业教育这个根本目的和价值诉求上。"以育人为本"是高等职业教育混合所有制产业学院改革的初衷,全面贯穿和深度渗透到人才培养模式改革、师资队伍建设、社会合作体系构建等方方面面,也是衡量高等职业教育混合所有制产业学院改革成效的基本标准。

二、坚持最大化提高高等职业教育竞争力的取向

高等职业教育混合所有制产业学院改革作为一种政策工具,适用于各适配主体的改革过程,允许使用多种形式、多种结构的产权融合方式。从理论上讲,政府、国有资本、民营资本、公办高校、民办高校等不同性质主体之间二者或三者的结合,都构成混合所有制改革的形态,并且在实践过程中都有尝试的案例。但任何改革都有主线,都有复杂利益结构中的核心价值诉求,都需要找到最大化实现整体改革目标的关键点位及实施路径。对高等职业教育的混合所有制产业学院改革而言,以混合所有制改革为关键支点,推动公办高职院校的系统改革,系统提升我国高等职业教育的核心竞争力,具备最大的效益比,也是改革的重要价值取向。刘杰英在《高等职业教育混合所有制改革的基本定位及其实践路径》一文中详细阐述了高职院校混合所有制改革必须坚持以公办院校为主体的理由。推动高等职业教育的混合所有制产业学院改革,是所有制结构由经济领域向社会领域深化的体现,是社会主义基本经济制度在职业教育领域新的实现形式。高等职业教育的混合所有制改革,本质上是以公有办学主体为对象,旨在提升其整体办学质量及其对我国高等职业教育水平引领力的改革。就我国高职教育的办学格局而言,公办高职院校是高职办学中的主要力量。

我国民办高职院校大多在建立之初就已进行多元化的股份制探索,但对职业教育整体发展水平的影响力有限。如果不以公办高职院校为主要对象,如果不能在公办高职院校取得明显突破和成效,职业教育的混合所有制改革也就失去了最基本的依托与价值。从我国高职教育的发展趋势来看,当前我国部分省份高等职业教育人口出现萎缩态势,相当一部分高职院校出现"招生难"状况。高等职业教育的主要矛盾是教育培养质量和结构与教育需求不相匹配的问题,而不是市场供求关系矛盾。从这个意义上说,不同资本合作新办高职院校,公办高职院校接管弱势民办高职院校、社会力量举办高职院校引入国有资本等"增量改革模式",都背离了当前及今后我国高职教育的发展趋势①。所以,在高等职业教育混合所有制改革过程中,在鼓励多样性尝试的同时,要牢牢抓住公办高职院校改革的主线。

三、坚持混合所有制高等职业教育的整体公益性价值取向

坚持混合所有制高等职业教育的整体公益性价值取向,其表达的核心要义是允许多元产权主体通过非直接变现技术供给、局部环节盈利、教育链产业链耦合延伸方式等实现利益反哺,但不能改变高等职业教育的整体公益性导向,不能以商业性、营利性目标确定混合所有制高等职业教育的基本办学价值诉求。我国的高等职业教育是教育体系的重要组成部分,具有公益性的基本属

---

① 刘杰英.高等职业教育混合所有制改革的基本定位及其实践路径[J].创新创业理论研究与实践,2020,3(5):83-84.

性,为我国社会主义现代化建设培养高素质人才,满足产业变革与社会政治经济文化发展需要,承担相应的社会责任与使命,服务于社会公共利益需求。它着眼于社会、时代、行业、产业等的需要,特别是应用型行业、技能型工种的发展趋势与需求,科学厘定职业教育发展目标、与普通本科教育相区别的差异化战略、适应行业发展的人才培养规格及办学举措等,遵循社会的共同利益价值诉求,深度嵌入行业与产业的长线变革与发展需求。企业作为独立的市场经营主体,具有市场趋利性特点,有着"资本投入—产出变现"的直接逻辑约束,注重考察一定时期内资本投入的效益反馈等。高等职业教育混合所有制的产权结构,面临着企业资本投入后产权利益的兑现与变现问题,与高等职业教育的公益性价值属性存在直线逻辑冲突,进而对学校长线发展定位及价值理念的确定带来挑战。这就要求在高等职业教育混合所有制改革中,引导企业科学厘定资本投入的内在动机、价值实现方式等,弥合"产业与教育"天然属性之间的差异,寻求在教育框架内的价值融合点。基于此,可以探讨其现实导入路径:企业资本在高等职业教育中的投入,不以教育收费、教育变现能力、教育盈利为主要价值实现方式,而是通过定向高素质人才培养、产学研合作对产业的贡献率、教育改革与行业创新的重大贴合度,反哺企业与行业竞争力提升作为基本利益实现方式,实现多元产权结构在"人才培养"等核心办学使命上的价值融合。

四、坚持市场主体阶段性、短期性目标服从于高等职业教育的长期性、战略性目标的价值取向

高等职业教育办学是一个长线工程,遵循高等教育改革与人才培养的基本规律,在教育改革的发展图景中勾画人才培养、科学研究、社会服务、文化传承、国际交流等的联动发展格局,实现发展质量与竞争力的跃升。而企业主体面对着风云变幻的市场竞合态势,较易受到阶段性发展目标、市场定位、竞争策略的影响。特别是在当前创新技术快速迭代、新兴产业迅速勃兴的背景下,传统的产业结构、发展模式、创新动能等面临深层次变化,企业经营门类的转变、产业格局的调整、发展效益的变化等对其教育投入带来一定的不确定性影响。企业亏损引发的持续投入能力不足、产权股份转让风险等,企业经营方向及策略转型对原有产学研合作模式的裂解等,引发的办学理念冲突与利益博弈成为混合所有制办学的重大挑战。因此,在高等职业教育混合所有制产业学院改革过程中,所引进企业的整体实力、教育股权投入在其整体经营份额中的占比、企业对教育投入的决心及意愿等是重要合作考量因素。只有实现以上标识内容的充分正向表达,才能有效克服高等职业教育的长期性、战略性政策取向与市场主体阶段性、短期性目标导向的冲突,锚定长期性、战略性高等职业教育发展的重心。

第二节　高职院校混合所有制改革产业学院的基本特征

多主体融合、产权治权高度一体化、全要素配对是高等职业教育混合所有制改革的基本特征。

一、多主体融合

公办与民办、高校与企业之间的多主体融合是高等职业教育混合所有制改革的基本特征。产权的复合及其形成的整合型利益动机建构了高职院校的顶层治理架构及其运行模式,突破了原有的单维办学格局,将不同场域、不同所有制性质、不同行业、不同门类的主体根据某一共同点位联结在一起,化解介质屏障及利益藩篱,以价值共同体、利益共同体及行动共同体的方式,共同从事教育教学活动。产权结合是混合所有制改革的显性标志,也是其内在竞争力的主要来源。其核心含义有以下三个方面。

第一,多主体一定横跨了不同所有制形式的资本,并且高度倡导不同价值主体间的合作。比如,高校与企业、政府、行业协会之间的联合,可以充分发挥不同主体的能力,形成办学能力结构上的高度互补对位。尤其是针对高等职业教育面向产业的特点,高校应深度切入区域社会政治文化发展土壤,提升整合性能力,实现与产业和区域的深度一体化发展。

第二,多主体合作重在"融合",要打破校企合作简单协作关系的传统思维束缚,重点实现发展要素的裂变反应,将"1 + 1 = 2"的结合效应转化为要素、形态、功能、结构的重塑性变革优化,激发每一个合作对象的内在价值因子,形成相互嵌入的一体化功能主体,在高等职业教育产学研深度一体化的视域中科学厘定企业主体、政府、行业组织等的功能及功能实现模式,实现不同主体"教育性定位""调控性功能""产业性驱动"的深度结合。

第三,多主体融合的产权界限多样化,根据不同高校的办学实际,着眼于最大限度激发办学积极性的原则,可以建立多样化的产权比例结构。在现实中,各种比例结构的产权合作都有成功的范例。但基于决策集中化与科学化的要求,高校以育人为本的基本定位、以公办院校为主的改革对象界定,在通常情况下国有资本应占相对大股东地位,公办高职院校在条件成熟的情况下应占控股地位,股权结构要规避过度碎片化,以2~3家合作为宜,尽可能规避占股5%~10%的小股东在合作模式中集聚的现象。

二、产权治权高度一体化

资本关联是最强的纽带,但不是单一纽带,是以资本作为关键利益链的系统化结合体系。混合所有制高职院校复合产权的出资人,不是简单的高校投资人或财务出资者,也不仅仅承担公益性资助使命,因为其通过投资高等教育获得盈利的通道与机制并不顺畅。高职院校混合所有制产业学院改革选择资方合作对象、企业合作对象、民办主体合作对象的基本原则是产业的重大关联性——存在重大互补互利合作空间,再通过资本的纽带固化高度一体化的深度产教融合模式。事实上前章所述几个案例在合作对象的选择上均采取了这个思路,也取得了较好的成效。基于产权纽带的深度产学研合作特性决定了高职院校的混合所有制产业学院改革遵循产权治权高度一体化的模式,产权通过治权实现过程深度介入,治权通过产权强化其关键执行力。企业等其他出资人要介入高校具体的人才培养、科学研究、社会服务、文化传承、学校治理等相关工作,发挥自身的优势,将企业的人才、信息、核心技术、市场空间、实验实训设施等纳入高校人才培养体系,将企业的灵动市场反应、技术储备与转化机制、科学严格的绩效考核机制、高度集成的产业链管理机制等科学导入高校办学中,和原有的高校管理者一起,改革传统办学模式,共同探索适用于创新人才培养与生产力开发的机制与模式,将高职院校的混合所有制产业学院改革从产权变革延伸到管理模式变革、产业要素融合、人才培养模式迭代、办学体系的全面创新等,真正实现人才订单培养、产业技术对口转化、市场共同开发、高层次人才共享,实现多元办学主体的真正一体化发展,以全面稳健的合作化解可能的产权间离的风险。

三、全要素配对

混合所有制高职院校是基于产权的全要素对位合作体系。政府的政策性资源,行业协会的资讯优势、政策前瞻与感知能力、跨地区企业协调、产业政策运用、行业氛围与生态营造,企业的资本、人才、实验实训场所、信息要素、关键性技术、重大项目、市场空间乃至其战略决策等都将成为混合所有制高校的重要办学资源。基于产权的深度产学研一体化打破了传统的以有形资源、物质资源为主、以项目为主要载体的校企合作范式的束缚,构建了基于全要素融合的深度利益共享、具备内在循环与增值功能、可持续发展的合作体系。通过产权这一根本性利益纽带的介入,可以实现教育链、产业链、人才链、创新链、政策链、市场链等要素的高度集成。企业在"混改"过程中将人才、设备、资金、管理等要素全面介入办学定位与目标设计、人才培养方案设计、课堂教学组织、教材体系设计、管理及运行机制创新、联合实训设施建设、企业实践、重大科学研究项目联合科研、绩效考核评价体系设计、学校校园文化建设、技术的产业转化、共同市场开发等各个方面,建立人才培养、科学研究、社会服务、文化传承、国际合作高度一体化、深度渗透的体系,以共有利益者的视角去谋划共同发展,全面提升高职院校办学治理效能及综合办学实力。

第三节　高职院校混合所有制产业学院改革的校企合作模式

一、高职院校混合所有制产业学院校企合作的内涵与特征

(一)高职院校混合所有制产业学院校企合作的内涵

高职院校混合所有制产业学院校企合作是我国高等教育"产学研结合"的传统在当代高等职业教育中的发展,也是中国对美欧"合作教育"理念的创新。

1.高职院校校企合作的概念

"校企合作"是主谓结构。"校企"是主语,主语中又存在着并列关系,即"校"与"企"并列,也就是说,概念的主语是双主体。概念的双主体性体现出字面与整个词义的同一性,由此看出校企合作的字面意思是产学合作、双向参与。关于校企合作的具体概念,目前学术界还未给出统一的说法。下面归纳目前比

较盛行的关于校企合作的说法。

（1）模式说

模式说把校企合作认定为一种人才培养模式。其中较为流行的观点认为校企合作是一种利用学校和企业两种不同的教育环境和资源，采取课堂教学与学生参加实训工作有机结合的方式，培养适合不同用人单位需要的具有职业素质和创新能力的人才的教育模式。利用学校与企业在人才培养方面各自的优势，把以课堂传授间接知识为主的教育环境与以直接获取实际经验与能力为主的生产现场环境有机结合起来，最终实现学校与企业双赢。校企合作是学校解决实验、实训资源和场所的不足，构建"双师型"教师队伍的需要，是企业获得优秀技术人才、解决科研问题的需要。

（2）机制说

机制说认为，校企合作开展高等职业教育是一种以市场和社会需求为导向的运行机制，是以培养学生的全面素质、综合能力和就业竞争力为重点，利用高职院校和企业两种不同的教育环境和教学资源，采取课堂教学和学生参加实际工作有机结合的方式来培养适合不同用人单位需要的高级应用型人才的教学模式。它的基本内涵是产学合作、双向参与；实施的途径和方法是工学结合、顶岗实践；要达到的目标是提高学生的全面素质，适应市场经济发展对人才的需要。具体来说，包括以下内容：资源共享与技术的合作、专业设置与课程体系开发的合作、岗位培训与实验实习的合作、师资培养与科研的合作。

（3）中间组织说

中间组织说认为，所谓校企合作是指在为社会教育和培训合格的劳动者这一目标下，开展高职院校与企业、行业、服务部门等校外机构之间的合作，将学生的理论学习和实际操作或训练紧密结合起来，以提高高等职业教育的质量和未来劳动者的素质，并增加企业部门与毕业生之间双向选择的可能性，最终促进社会经济的发展。

结合上述分析，本书认为校企合作是一项涉及学校、企业、院校主管部门和政府等的系统工程，是一种利用学校与企业不同的教育资源和教育环境，借助院校主管部门和政府等的外界力量，以培养适应经济社会发展需求、适应行业企业所需人才为根本目的的办学模式。

2. 高职院校混合所有制产业学院校企合作的教育模式

高职院校混合所有制产业学院校企合作教育模式是一种以社会需求为导向的运行机制,其人才培养的过程由企业和学校共同参与,校企共同研发制订教育计划。高职院校混合所有制产业学院校企合作人才培养模式与传统的教育模式不同,它是由单一的学校教育转化为学校和企业共同教育、由封闭式的学校教育转化为开放式的社会教育、由以理论学习为主转化为以实践教育为主的人才培养模式。

3. 高职院校混合所有制产业学院校企合作的双方目标

高职院校混合所有制产业学院校企合作是学校与企业两类不同社会组织的合作。校企双方,作为校企合作关系的直接利益关系方,一个是非营利性组织,一个是营利性组织,二者的行为规则和利益诉求均不相同。混合所有制高职院校作为非营利性组织,从事的是社会公益事业,提供的是教育公共产品,以服务为宗旨,追求的是社会效益的最大化;而企业作为营利性组织,提供的是商品和服务,以营利为目的,追求的是利润的最大化。在校企合作中,混合所有制高职院校的目标通常是通过校企合作共建实习基地,为学生提供实习条件,推进双师培养和专业与课程改革等。企业则希望在校企合作中达成以下目标:获得技术支持、进行合作科研开发、进行员工培训、获得稳定的用工来源和赢得社会声誉等。混合所有制高职院校校企合作是教育与经济合作的具体化形式,其实质就是院校根据企业需求,主动适应并为企业服务的合作,体现了教育必须适应经济发展,为经济发展服务的规律要求。

可以说混合所有制高职院校校企合作的本质是一种办学模式,合作目的是培养人才。其组成要素不仅有学校和企业,还应有院校主管部门、政府部门等利益相关者。

(二)高职院校混合所有制产业学院校企合作的特征

高职院校混合所有制产业学院校企合作的办学形式和开展内容必须围绕职业教育人才培养的目标、功能和定位,充分了解企业的需要,利用当地的经济优势,实现校企合作共赢的目的。混合所有制高职院校校企合作的特征主要表现为以下几个方面:

1. 职业性

高职院校混合所有制产业学院校企合作从一开始就以培养适应职业岗位要求的人才为目标,包括产学结合、工学结合乃至产学研结合,具有较强的目的性。学习和生产相结合的主要目的是使学生在学习情境中教育自己、学习知识,养成良好职业素养,培养和提高专业能力、方法能力和社会能力,最终使他们完成由学习生涯向职业生涯的过渡。这一过程充分体现了高职院校混合所有制产业学院校企合作的职业性特征,也合乎企业对高素质技能型专门人才的要求。

2. 教育性

职业教育以培养学生职业能力为目标,是一种具有经济行为和企业行为的教育形式。高职院校混合所有制产业学院校企合作的首要目标就是培养高素质技能型专门人才。校企双方以人才培养为共同目标,以岗位需求为导向,转变育人理念,强化人才意识,优化专业设置,明确培养目标,制定教学标准,整合教学资源,共同参与人才培养的全过程。这既是高职院校混合所有制产业学院校企合作的内在要求,也是其本质属性——教育性的体现。

3. 互利性

合作是社会互动的一种方式,它是指个人或群体为达到某一确定的目标,彼此通过协调作用而形成的联合行动。高职院校混合所有制产业学院校企合作是一种社会互动方式,在合作过程中各参与方具有共同的目标、相近的认识和协调的互动,也就是具有行为的共同性和目的的一致性,即互利性特征。这里的目标实际上是一种利益,它是无法仅仅通过一方的行为实现的,企业、高职院校、教师、学生和企业员工所有的利益均是通过互动合作来实现的。参与方既不应该只有行为而没有利益,也不应该只有利益而没有行为,否则高职院校混合所有制产业学院校企合作只是一种短期行为。互利性是实现高职院校混合所有制产业学院校企长效合作的基础①。

4. 经济性

混合所有制高职院校校企合作办学以经济社会需求为动力,面向地方经济社会发展设置专业,人才知识与能力结构符合社会需求,教学科研体现改革思

① 陶然,王守龙.高职院校混合所有制办学模式下校企合作探索[J].现代商贸工业,2021,42(10):47－48.

路。混合所有制高职院校校企合作办学以紧密型、融合型基地建设为重点,抓住高职院校混合所有制产业学院校企合作的关键,突破传统基地的学生实操单一的藩篱,着重建设多功能、多层次的紧密型、融合型基地,把紧密型、融合型基地作为实施一体化办学模式的重要基础。

5. 创新性

创新是职业教育探索校企合作办学发展之路的关键。因为在进一步完善职业教育的人才培养过程中,探索高职院校混合所有制产业学院校企合作的人才培养模式,既是一个不断改革创新的过程,也是职业教育提高人才培养质量和实现可持续发展的必然需求。由于混合所有制高职院校所处区域和面向行业不同,因此校企间的合作形式、内容与方式必然也不相同。在高职院校混合所有制产业学院校企合作的过程中,各参与方要以求真务实的态度和改革创新的精神寻求混合所有制高职院校校企合作的有效途径。如果仅仅照搬一些不太成熟的经验和做法,而没有结合各参与方实际情况进行改革与创新,混合所有制高职院校校企合作不可能真正实现合作办学的目标。

6. 多样性

高职院校混合所有制产业学院校企合作必须是全方位、多层次的合作,合作的形式、内容和方式呈现出多样化的特点,如混合所有制高职院校和企业的合作、混合所有制高职院校专业和企业部门的合作、技术的合作、人力资源与物质资源的合作、信息的合作、研发的合作,等等。混合所有制高职院校、企业、政府、社会等以多方生存和发展的共同愿望为基础,以人才、技术、效益为结合点,充分挖掘高职院校混合所有制产业学院校企合作的内容和形式,以发挥各自优势为条件,遵守市场经济规律、职业教育规律,逐步形成互利互补、良性循环、共同发展的长效合作机制,满足经济社会迅速发展和人力资源的动态性需求。确保高职院校混合所有制产业学院校企合作的多样性是实现"以服务为宗旨,以就业为导向"办学理念的重要措施,是形成高职院校混合所有制产业学院校企长效合作机制的重要保障,是高职院校混合所有制产业学院校企合作成功的重要标志。

7. 文化性

高职院校混合所有制产业学院校企合作同时也是一种文化合作。目前大多数企业在激烈的市场竞争中已经形成了具有各自特色的企业文化,包括先进的理念、合理的制度、科学的管理、严谨的态度、完善的服务以及和谐的氛围等。高素质技能型专门人才培养需要企业文化的熏陶,学生是高职院校混合所有制产业学院校企合作的主要参与者。各种不同方式的校企合作,不但使学生学习了专业知识和技能,也为学生接触社会、了解社会拓宽了途径,同时也使学生接受企业文化的熏陶,逐步形成积极认真的工作态度、严谨细致的工作作风和团结合作的工作精神等职业素养。在混合所有制高职院校校企合作的过程中,企业文化和校园文化的交流、渗透和融合,可以不断丰富校园文化和企业文化的内容,营造校园文化的职业氛围。另外,在混合所有制高职院校校企合作过程中,企业参与高职院校的管理,企业先进的理念和开放的文化,将打破高职院校传统的、封闭的管理与文化;特别是企业良好的服务理念和完善的服务体系,将会帮助混合所有制高职院校全体教职工树立服务意识、形成良好的服务态度。

二、混合所有制高职院校校企合作的内容与原则

(一)混合所有制高职院校校企合作的内容

混合所有制高职院校校企合作办学内容涉及学校培养技能人才全过程,包括发展规划、专业建设、课程建设、师资建设、实训教学、教学管理、学生管理、招生就业以及文化建设 9 个方面。

1. 发展规划

混合所有制高职院校校企合作的发展规划内容包括两部分:一是成立混合所有制高职院校校企合作指导委员会。混合所有制高职院校校企合作指导委员会由校企双方负责人、政府有关负责人和有关专家组成,主要负责制定委员会章程,提出校企合作规划和目标、活动方式等;在混合所有制高职院校设立办事机构;建立日常信息交流反馈制度。二是校企共建战略伙伴关系。具体包括制定战略伙伴关系合作协议;校企双方定期或不定期研究新专业设置、老专业改造、技能提升培训、师资队伍建设、教材建设等涉及高技能人才培养与共同发展的重大问题;建立日常性联络制度,形成长效合作机制。

2. 专业建设

混合所有制高职院校校企合作的专业建设内容包括三部分:一是成立专业建设委员会。专业建设委员会由学校负责组建。委员会成员要包括行业企业的相关专家、高工和高管,人数不少于总人数的50%。专业建设委员会负责制定专业建设委员会章程,提出专业建设规划,拟定专业人才培养方案。二是建立校企共建重点专业和新专业建设决策机制,即校企双方主要负责人和相关专业骨干组成决策班子,确定重点专业和新专业的设置,并定期组织相关研究活动。三是建立由企业主导的专业建设协调机制,即由企业负责人针对新兴产业和主导主干产业确定新专业的设置,学校积极参与,对企业确定的新专业组织好申报、招生和教学实施工作。

3. 课程建设

混合所有制高职院校校企合作的课程建设内容包括三部分:一是校企共同制订教学计划,然后学校根据专业设置和人才培养目标以及企业的岗位人才需求等来编制教学计划、教学大纲和课程实施方案,做好教材选用工作,确定实习实践环节;二是校企双方共同确定课程体系,共同制订教学计划和教学大纲,双方有关人员共同编写符合企业需求的教材,制订实习实操实施方案,并由专业建设委员会进行课程标准的评审;三是由企业主导课程的开发,确定典型项目教学、工作任务案例、教学计划和教学大纲,并组织编写教材和实习教程,高职院校实施教学和人才培养①。

4. 师资建设

混合所有制高职院校校企合作的师资建设内容包括三部分:一是校企共同组建师资队伍。混合所有制高职院校聘请行业企业优秀高技能人才、专业技术人员、高级管理人员和专家担任生产实操指导教师和核心课程教学指导教师,在国家政策允许的范围内向企业有关兼职人员和实习指导教师支付一定的报酬;混合所有制高职院校也可以依托和凭借合作企业培养培训师资,定期派遣教师到企业进修实训并形成制度,有效提升教师的实践技能水平。二是企业专家为学校教师举办新技术、新工艺、新设备、新材料等内容的学习培训;企业安排研发创新人才对学校教师采用"师徒制"或"导师制"进行传帮带;混合所有制高职院校教师参与企业的技术攻关、技术设备更新改造和技术成果应用,企业把某一技术课题委托给学校进行技术攻关和技术改造以提高混合所有制高

---

① 赵凤申.混合所有制校企合作的问题反思及再认识[J].现代职业教育,2020(52):66-67.

职院校教师的技术研发和创新水平。三是企业相关人员到学校实行阶段性全脱产教学和科学研究,混合所有制高职院校教师对企业高级技术人员和高技能人才进行提升培训。

5. 实训教学

混合所有制高职院校校企合作的实训教学内容包括三部分:一是混合所有制高职院校自身建立校内实训基地或生产性实训基地,配备设备设施,按照教学计划、教学大纲和人才培养目标组织实施实训教学。二是校企共建实训基地或生产性实训基地,基地的相关设施设备由校企双方共同负责;开展产教结合实训,即由企业为学校提供相关产品,供学生进行产教结合实训,学生通过完成产品的部分工序达到实训的目的。三是深度融合实训教学,包括:企业建立生产性实训基地(或实训基地),主要设备设施由企业提供;混合所有制高职院校在厂区建立教学区,混合所有制高职院校将一个或几个专业的教学放到企业去办("厂中校");混合所有制高职院校将实训基地建在当地工业园或企业内("园中校""厂中校"),做到人才培养和人才使用的无缝对接。

6. 教学管理

混合所有制高职院校校企合作的教学管理内容包括三部分:一是改革学生学业考核评价办法,完善"知识+技能"的考核评价体系。校企双方通过面试、笔试和实操等形式对学生的专业知识和专业技能进行考核,使学生取得相关专业职业资格证书和毕业证书。二是改革教学模式,让学生积极主动参与到学习过程之中,满足学生求知和就业的需求。三是改进教师教学质量评价的方式方法,企业参与教学过程和教学质量的全程监控。

7. 学生管理

混合所有制高职院校校企合作的学生管理内容包括两部分:一是混合所有制高职院校按照企业要求制定学生行为规范。混合所有制高职院校聘请企业相关人员参与建立结构合理的学生管理机构,按照企业用人标准制定规章制度,开展学生活动,进行学生管理工作研究。二是混合所有制高职院校与企业共同制定操行考核及奖惩制度。

8. 招生就业

混合所有制高职院校校企合作的招生就业内容包括两部分:一是混合所有

制高职院校制订招生培训就业计划。混合所有制高职院校按照企业需求,根据自身办学资源,制订招生培训就业计划,并组织实施。二是校企双方共同制订招生培训就业计划,共同组织招生培训宣传、考试,共同确定录取名单;学生毕业后由企业安置就业;混合所有制高职院校做好毕业生就业后的跟踪服务工作。

9.文化建设

混合所有制高职院校校企合作的文化建设内容包括四部分:一是企业文化进课堂。混合所有制高职院校开设企业文化课程,聘请企业管理人员授课。二是德育基地进企业。在企业开设专项德育实训基地,让学生零距离接触企业文化。三是企业文化进实训。还原企业真实的工作环境,严格按照企业岗位有关要求进行操作。四是企业制度进校园。混合所有制高职院校把企业管理有关条例适当渗透进学生管理当中,让企业制度和大学制度有机结合,使学生及早感受到企业的约束,做到日常行为职业化。

(二)校企合作的原则

为实行混合所有制高职院校校企合作,促进职业教育发展,在校企合作中应坚持服务企业、企业需要、校企互利、校企互动、统一管理的原则,力求实现高技能人才培养目标和校企互利双赢的目标,促进校企共同发展。

1.服务企业原则

职业教育的目的是为企业服务。为企业服务是职业教育发展的指导思想,也是开展混合所有制高职院校校企合作的基础和前提条件。企业服务的优劣对校企合作的成败具有决定性的作用。为了使混合所有制高职院校校企合作能够较好地为企业服务,高职院校在开展校企合作的过程中,要积极主动地深入企业进行调查研究,了解企业对人才的需求状况和技术要求,再根据企业的需求和标准积极培养出企业满意的高技能人才。混合所有制高职院校应始终坚持注重企业、服务企业、关心企业的发展,只有这样才能与企业建立良好的校企合作关系,促进混合所有制高职院校校企合作的发展。

2.企业需要原则

混合所有制高职院校校企合作取决于企业的需要,混合所有制高职院校应积极主动满足企业的需要,才能促进混合所有制高职院校校企合作的发展和成功。混合所有制高职院校应根据企业的用人要求和岗位需要,制订出培养方案。混合所有制高职院校深入企业对员工进行培训时,应积极选拔最好的师资深入企业对员工进行培训。对于企业其他方面的需要,混合所有制高职院校应尽最大的努力给予满足。

3.校企互利原则

校企双方互利是进行校企合作的基础,无法互利将无法谈合作。通过校企合作,企业可以增加经济效益,提高职工的能力和素质,促进科技进步;混合所有制高职院校可以提高教学质量和实力,提高师生的技能水平,促进产学研相结合。

4.校企互动原则

混合所有制高职院校校企合作需要高职院校与企业的互动,混合所有制高职院校应定期组织专业理论教师到企业给员工培训,企业也应定期派技术员到高职院校举办讲座。通过校企互动,混合所有制高职院校教师的实践知识丰富了,能力提高了,企业员工学到了理论知识,使得理论与实践互补,实现理论与实践一体化。

5.统一管理原则

混合所有制高职院校校企合作是高职院校与企业双方的活动。在混合所有制高职院校校企合作中,对校企双方的利益与责任要实行统一管理、统一规划、统一实施、统一检查,只有这样才能使理论知识与企业技术需要较好地结合。

第八章　高职院校混合所有制产业学院建设综合配套设计

第一节　高职院校混合所有制产业学院的学科专业建设

学科专业建设是高职院校办学的重要基础。混合所有制改革带来的校企"双资源、双平台、双管道"的介入，对于丰富高职院校的专业内涵、优化专业结构、完善专业生态、提升专业竞争力将发挥重要的作用。同时我们提出高等职业教育学科与专业协同建设概念，思考在高等职业教育背景下，如何将学科知识体系与专业知识结构有效衔接，在产业介入与转化的驱动下，实现专业建设与学科支撑的更好结合，全面提升高等职业教育办学质量，让新时代的高等职业教育突破原有办学桎梏，发展得更好。

一、特色学科专业一体化建设模式探索

高校的学科建设与专业建设在本质上是相互支撑的，存在着广泛的协同关系：学科建设为专业建设提供支撑，专业建设为学科建设提供动力[①]。高校应将最新的学科知识引入课程，依托最新学科知识拓展专业内涵，开辟新兴专业，将学科的最新发展成果纳入人才培养过程中，通过学科与专业、课程的有效联动，扩大学科在高校办学全局中的附着面，强化其驱动引领效应，持续提升人才培养质量，并通过高层次人才培养为科学研究提供源源不断的要素供给与支撑，形成学术创新循环。[②]

混合所有制改革背景下，高等职业教育的学科专业一体化具有多重重要意义。其一，它有利于强化人才培养的基础地位。学科建设对专业建设支撑作用

---

① 张小芳.本科院校学科专业一体化建设理路[J].高教发展与评估,2016,32(2):58 - 64.

② 赵渊.世界一流学科建设的"中国范式"：价值建构及实践路径[J].浙江社会科学, 2019(4):95 - 102,158 - 159.

的凸显,有利于持续提升专业建设及人才培养质量,打破高等职业教育基础性、低层级应用型人才培养的局限,使院校向具有一定层次、较高层级的高素质人才培养转型,构建应用型人才的纵向提升轨道。其二,它有利于持续提升校企合作的紧密度,构建基于互嵌式稳定利益结构的校企合作关系。伴随着产业的转型升级,企业对高层次应用型人才的需求大幅增加。特别是在人工智能快速迭代的背景下,原有的低端技术工人将面临淘汰,高职院校人才培养也面临着同步转型升级的迫切要求。学科体系化知识对人才培养的作用持续凸显。与此同时,高等职业教育混合所有制治理结构形成后,企业的高层次技术、高级产业形态也面临向高校回流的需求,原有的以专业为本的发展模式很难适应新兴技术、高层次知识体系的落地附载要求,院校亟须通过学科专业一体化来承接改革重任。

混合所有制高等职业教育特色学科专业一体化建设模式主要有四层要义。

第一,实现学科专业的融合式发展。学科专业一体化不是发展专业、发展学科,而是在明确某一发展主导方向的前提下,引导学科专业融合式、渗透式并线发展。当前,高职院校要在明确以专业建设为主的前提下,将学科的知识体系内容渗透到人才培养方案制订、教学模式改革、课程体系创新、教材体系建设、教学实践模式完善、实验室建设、实习基地建设的方方面面,全面提升其建设层级,加快专业内涵的再造,提升专业影响力、辐射力及竞争力,发挥学科对专业建设的强大支撑作用,使混合所有制改革后的高等职业教育能够更好地适应高新技术对高素质人才的需求,更好地实现供需对位。

第二,以学科专业一体化为契机,建立与产业迭代深度契合的教学科研实践及产业转化组织。院校应积极改变原有的教学与科研、产业组织割离,教研室管上课、科研条线管理项目申报、合作处管产业转化和社会合作的分离状况,以学科专业一体化为契机,组建融合高质量教学、高质量对口科学研究、高水准产业转化于一体的组织形态,使教学面向前沿与应用,科研精准提高教学、产业转化驱动教学与科研联动,最大限度地激发高等职业教育混合所有制改革红利,提升办学质量。

第三,坚持动态适配性原则。把"点面结合""分类实施""多层次推进""供需对位"等作为学科专业一体化建设工作的基本策略,不搞"一刀切"。根据不同的专业特点、师资储备、产业前景等,确定学科专业一体化的具体实施路径。比如,对于附载重大创新型产业项目的专业,要以产业转化的市场驱动为主要动力,根据产业及企业的现实需求,鼓励、引导和带动专业向学科要新理念、新知识、新技术,带动专业建设提质升级;对于已经形成成熟人才培养方案及运行体系的传统专业,在充分尊重其培养特点与优势的基础上,要善于从学科角度、知识架构体系维度寻求新的增长点。院校要找准学科专业一体化的良好切入点与结合点,从课程体系建设入手,把学科创新知识与专业应用技能做合理结合,以课堂为重要呈现手段,加速学科与专业的结合;妥善处理学科与专业结合的速率问题,从专业特点及应用着手,成熟一个推进一个,把本科和专科共有类专业、校企合作重点建设专业、学校品牌与龙头建设专业作为学科专业一体化建设的重要突破口。

第四,发挥学科专业一体化对办学的牵引作用。学科专业一体化架构了高等职业教育全新的知识传播体系与运行格局,成为构建创新型人才培养模式的重要支撑。这种知识治理与运行体系的深度变化对办学治理体系将带来深刻的影响。注重治理的扁平化、按照知识与技能体系习得规律建构管理体制、构建大管理架构等,将深刻影响高等职业院校的办学格局与发展面貌。

二、学科专业深度切入产业的切入口及实现模式

当前,高等职业教育学科专业深度切入产业主要有两种模式:一是通过培养高素质人才、提供供需对位的优质劳动力资源直接服务产业建设。近几年来,高等职业教育中的一些"订单式"培养便是这种模式。混合所有制改革后,作为高校产权方之一的企业对高校定向人力资源供给也抱有一定的期待,定向高素质人才流动成为混合所有制改革利益变现的重要方式之一,传统企业大学在混合所有制改革中也将在职人才培训职能导入混合所有制高校中。二是为企业产业转型升级提供智力支持与解决方案。通过学科专业一体化提升专业综合实力,贴近企业具体需要,开展重大项目攻关,提供技术解决方案及对策是高校服务企业、推动产学研合作的主要方式。特别是混合所有制改革中,一些企业将其占有产权的高职院校视为技术研发基地与创新平台,将原有的研究力量与高校科研创新机构进行系统整合,很好地提升了混合所有制高职院校的科研竞争力,体现了"混改"的现实成效。在这个过程中,有两个方面需要引起特别注意。一是当前面对新技术浪潮,我国企业整体转型升级加速,5G 技术、人工智能技术、生物技术、量子技术等新兴技术不断引入产业,数字化、信息化、智能化加速推进,新兴产业形态快速崛起,高新技术对产业的拉动作用更加明显。双一流大学成为技术创新与产学研合作的主要力量。高等职业教育具有自身鲜明的办学分层定位,要善于在产学研合作与技术转化中找到自身的独特定位,发挥优势和特长,拓展独特空间;有效依托混合所有制改革中的企业产权,发挥企业中介作用,与双一流大学构建产学研合作分层协作体,通过双一流大学提升高职院校产学研合作能力。二是明确高等职业教育学科专业建设切入产学研合作的主体实现方式。高等职业教育的学科专业建设具有鲜明的应用导向,即它必须服务于人才培养质量的提升,并通过人才质量的提升提高高职人才对企业人力资源基本面改善的宏观贡献度,通过重要岗位人才供给的精准适配度提高对产业的直接贡献度。高素质人才供给是学科专业深度切入产业发展的主导形式和主流价值实现方式,也是高职院校学科专业强化的重要价值基点。

三、学科专业生态体系建设探索

要构建学科专业生态体系。学科专业生态系统的重要功能在于,实现学科专业资源合理定位、充分合理的能量交换、生态环境的精心营造,提升学科专业的可持续发展能力。随着高等教育混合所有制改革的推进,企业、社会中介组织、行业协会等主体进入生态系统,人才流、创新流、产业流、资金流等在学科专业生态体系中汇聚,生态系统的角色主体更加多元、内容更加丰富,学科专业生态体系建设的标准也更高。

高职院校混合所有制产业学院学科专业生态系统是一个整合性系统与开放性系统。它借助于混合所有制的产权结构,把学校学科专业建设因子与企业因子、产业因子纳入一体化能量循环中,通过学科专业与产业的结合,构筑多元复合的生态群落,通过信息流、资金流等的传导,使学科专业建设更能适应市场变化并不断优化调整,具有更好的自我整合能力。在学科专业生态系统中,人才队伍、课程体系、专业平台、实践基地、教学改革成果、学科方向等物质性发展要素与办学文化、专业气质、专业制度及价值规训等形成统一体,学科专业的知识系统生态位与产业的市场生态位在信息传递、能量传递过程中实现优化配对。

四、学科专业特色评价模式解析

混合所有制改革背景下的学科专业特色评价模式具有四重核心要义。

第一,从单一维度到多种维度,注重考察混合所有制改革背景下特色要素的成长状况。改变原有的注重论文发表数量、教学成果奖获奖数目、精品课程开出量等量化指标,注重内在建设质量、发展水平等的考察。

第二,注重关键点位的微观评价与考察。在混合所有制改革背景下,特别注重对学科、专业、产业转化之前的连接点的考察,关注三者之间的传导机制是否通畅,协作逻辑是否对位,要素流通与整合效应是否形成,职业教育背景下学科对专业的引领与支撑效应是否实现,专业对产业的贡献模式是否因为学科的介入实现转型升级,混合所有制独特的产权结构对原有闭环运行的学科专业是否有深度影响,产权多元对学科专业的激励作用发挥是否充分,产业对学科专业之间的辐射联动作用是否彰显,通道是否顺畅,等等。在学科专业及产业转化的微观运行层面则考察协作状况及其正向效应的发挥情况。

第三,更加注重对办学本体的考察,即将大学生培养状况作为学科专业考察的核心落脚点之一。如果一所高职院校产学研合作情况很好,学校技术转化率高,盈利模式佳,教师创新创业积极性高,但学生培养层次与质量不高,学生就业水平不理想,这样的学校就很难说是一所高质量的职业技术院校。大学和研究院所的区别在于,它始终是一个育人机构,一所大学如果育人工作没有做好,高层次、高质量科研与技术转化就如同"无源之水,无本之木",最终也不能可持续发展。大学生的专业素养与能力结构,就业率与就业质量,就业好评度与未来发展潜力测度,精专能力与通用性开拓能力等的培养状况是学科专业评价的重要指标。在这个过程中,我们要注重引入"第三方评价",甚至是"雇主评价"体系,改变传统的自我评价与评教一体化模式,凸显评价的监测、导向与引领作用。学科专业建设的质量和效益涉及高等教育多元利益主体的多元诉求:政府强调资源管理绩效,高校重视知识发展的内在逻辑,社会强调学生产出标准,学生需要个体发展。学科专业评价除了参考"管理者"视角,应该更加重视学生和"雇主"的"消费者"利益,把毕业生收入、毕业生社会适切性、学生完成相关任务的能力、学生与教师接触的机会等要素纳入学科专业评价的指标体系①。

第四,注重多种评价方法的运用。廖益教授的《大学学科专业评价》(广东教育出版社出版),以价值哲学、心理学、复杂科学为理论基础,通过对广东省高等学校名牌专业和重点学科评价的深入考察,在充分比较中美学科专业评价的制度、经验、绩效与不足的基础上,对学科专业评价的概念、体系和策略等重要问题进行了系统综合、深入研究和反复思考,提出了学科专业评价四维结构,构建了理论与实践相结合的学科专业综合性评价指标体系。这四维结构分别指的是以目标为中心的学科专业定位评价、以过程为中心的学科专业实施评价、以结果为中心的学科专业效果评价、以情境为中心的学科专业环境评价②。这些新的方法为学科专业考察提供了新的路径与思考,对混合所有制改革背景下高等职业教育学科专业评价具有重要的启示意义。

五、学科专业迁延辐射能力培养及实现

学科专业建设是高等职业教育办学的主要活动内容,在办学各个方面有着极强的辐射功能,能带动学校整体办学水平的提升。主要体现在以下三个方面。

一是学科专业引领学校治理体系的现代化。高等院校本质上是一个学术体系。学科专业的学术治理特征是高校治理的重要依据。学科专业的建设模式与运行机制在很大程度上影响着高校整体治理机制的优化与治理水平。特别是在混合所有制改革过程中,学科专业建设与产业转化的逻辑关系构成了学校治理的主体逻辑路线与治理结构。院校可以尝试教学、科研与产业部门的大部制协同办公等,尝试在行政管理序列中率先破除科层制治理模式,实施行会制、聘任制,强化以项目为中心的负责人统筹机制,组建跨部门、跨校企协同创新中心等,赋予中心负责人一定的行政权力、经济权力及统合资源调度权。

二是学科专业引领高等职业教育定位的变革。本科教育办学科、职业教育

---

① 杨频萍,汪霞.“双一流”建设背景下我国学科专业评价创新研究[J].高校教育管理,2018,12(6):65-73.

② 李均.整合与创新:建构高校学科专业评价的新模式:评《大学学科专业评价》[J].大学教育科学,2018(5):2.

办专业已经成为我国高等教育界的通常做法。在混合所有制改革背景下,依托复合产权结构,通过技术与产业转化在纵向层级上的上升驱动,将原有高等职业教育单纯办专业转化升级为学科支撑下的专业提升,更好地适应新时代、新技术、新产业发展的需求。这对我国传统高等职业教育模式是一个重要创新试验。在这种背景下,从原有的"高职教育—普通本科教育—硕士研究生教育—博士研究生教育"的层次分型中衍生出新的分型表达,即纵向层面的技术应用型职业教育人才培养、技能应用型本科人才培养、技能应用型硕士人才培养,实现在不同层级上知识体系与技能体系的融通,探索一线实践动手能力与知识厚度积累相结合的培养模式,可能是未来我国高等教育研究的一个重要的创新点。

三是学科专业引领高等教育社会资本介入路径及模式的创新。高等职业教育混合所有制改革实现了产权层面的复合。而这种产权复合,是一种母体治理结构,即在所有权层面为多元治理提供了依据与可能,其最终也要通过学科专业与产业创新的接轨、技能产业化与学术产业化的结合落到实处。我国传统高校在管理及运行中,对社会资源和资本的吸纳、运用能力是一个明显的短板,大都只存在于甲乙方购买服务的简单利益逻辑关系。而混合所有制改革为学科专业与产业关系的重构提供了一个全新的试验田,在注重学科专业发展规律的前提下,真正将学术专业的能力、评价标准放在产业环境、实战背景下进行萃取,将资源赋予与变现导入学科与专业的成长轨道中去,探索了学术规律与应用规律有效连接的最佳"结合地带",构筑了基于学术转化的正向发展"驱动轴"。这种逻辑路径的建构,改变了高校传统的关门办学、自循环闭环运行的弊端,界定了社会资源和资本最恰切的导入路径,具有重要的创新意义及价值。

第二节　高职院校混合所有制产业学院的课程体系重构

一、高职院校混合所有制产业学院课程体系的内涵

课程体系作为高职院校混合所有制产业学院育人活动的指导思想、人才培养工作的重要支撑、人才培养目标的依托和载体,对合作模式下院校教育教学质量的提升起到关键的作用。

关于课程体系内涵的界定,国内大部分学者均参照百度百科给出的定义。其一,指同一专业不同课程门类按照门类顺序排列,是教学内容和过程的总和,课程门类排列顺序决定了学生通过学习将获得怎样的知识结构;其二,指在一定的教育价值理念指导下,将课程的各个构成要素加以排列组合,使各个课程要素在动态过程中统一指向课程体系目标实现的系统。

结合混合所有制高职院校以及课程体系的内涵来定义高职院校混合所有制产业学院课程体系:指由两个或两个以上的资本主体(其中公有资本或国有资本为主体)共同出资兴办高职院校产业学院,在院校中共建某一专业,并根据该专业的人才培养目标以及其人才培养模式,从课程观、课程目标、课程内容、课程结构以及课程活动形式角度出发,开设该专业的所有课程,并将不同课程门类按照门类顺序排列,构成能够反映该专业课程结构、教学内容和过程的总和。相较于非混合所有制高职院校课程体系,其具有资金力量雄厚、人员组成全面、团队成员专业、社会资源丰富等优越性。

二、高职院校混合所有制产业学院课程体系重构的意义及内容

(一)高职院校混合所有制产业学院课程体系重构的意义

"课程体系重构"即全方位、多角度、深层次地重新整理、建立各类课程并将其进行归类、排序,从而优化其架构,提高其构建的科学性和合理性。时代在发展,行业在发展,企业用人需求在变化,有的需求相对稳定,有的需求变化较为剧烈,还有的需求已消失或转化为别的需求,这无疑促使高职院校专业人才培养、课程设置需要随之变化,以保持专业办学的生命力。校企兴办高职院校混合所有制产业学院,重新构建课程体系,将推动混合所有制职业学院创新陈旧的育人模式,促使混合所有制产业学院形成独有的办学特色,促进混合所有制产业学院改革原有的教育教学方式,保证混合所有制产业学院提升现有的教育教学质量;同时,引领专业的发展,紧跟行业发展趋势,保障专业的人才培养目标实现,促使专业教师厘清各类课程间的关系,优化及维护现有专业的课程设置框架,奠定专业学生未来职业生涯发展的牢固基础,提升专业学生的综合职业能力及素养。

(二)高职院校混合所有制产业学院课程体系重构的内容

高职院校混合所有制产业学院课程体系的重构要从课程观、课程目标、课程内容、课程结构以及课程活动方式五个维度深入思考,以人才培养目标为逻辑出发点,以知识、技能以及素养三大人才能力培养体系为主线,以"够用为度、应用为主;充分调研、顾及实际;素养能力并重、支持创新;多学科优化整合、科学合理;注重职业迁移能力,促进全员教育发展"为原则,以高职学科的教育目标、行业的背景与发展、地方经济发展要求、企业所需人才的要求、学生的学情特点、学科专家意见为依据,开设相应的课程,将各类课程进行归类、排序并形成相应的逻辑关系。

三、探索高职院校混合所有制产业学院课程体系重构的路径

(一)践行能力本位的课程观

高职专业课程体系中每一门课程的设置都不是孤立存在的,它们应当依据该行业某一岗位应具备的职业能力要求及具体的典型工作任务而形成完整、系统的课程体系。校企要充分利用混合所有制发展的平台,开展全方位、多层次的调研与研讨。校企教师共同深入企业广泛开展调研,召集行业中具有影响力的专家及具有多年专业办学经验的标杆院校及兄弟院校进行研讨,摆脱传统的高等教育确立课程目标的模式框架,明确教师应具备的知识、能力、素质方面的职业能力要求及其所应完成的典型工作任务。

(二)确立与职业岗位相关的课程目标

《教育部关于加强高职高专教育人才培养工作的意见》(以下简称《意见》)明确指出,"高职高专教育是我国高等教育的重要组成部分,培养拥护党的基本路线,适应生产、建设、管理、服务第一线需要的,德、智、体、美等方面全面发展的高等技术应用性专门人才"。从此定位中,校企双方应明确高职专业所培养的是面向企业工作一线,拥有综合职业素养的人才,不仅要有基本的服务能力,还需要具有管理、建设等可持续发展的能力。在混合所有制办学模式下,校企首先要统一以员工初始岗位为主、晋升岗位及相关行业岗位协同发展为核心的课程目标,以此课程目标及培养目标为基础,构建合理的专业课程体系。

(三)设置理实相融与文化传承并重的课程内容

《意见》要求,"按照突出应用性、实践性的原则重组课程结构,更新教学内容"。混合所有制高职院校专业课程体系重构应顺应国家的要求,从理论教学、实践教学、顶岗实习、毕业论文等方面,尝试理实相融与文化传承并重的课程内容设置,全程监控并提升学生的综合素养及实践操作能力。知识的系统性固然重要,但是也不能忽略职业的实践性,校企应当深入研究,找到两者间的契合点,将两者有机结合。探索理论类课程以实践化的形式展现,实践类课程增强实践操作的比例,并经过反复尝试与认证,从而真正做到实践教学学时在课程设置中占有较大比重。同时,校企可以发挥混合所有制办学的资金充足、用人制度灵活等优势,新建及维护具有专业性、示范性、科学性以及引领性的校内外实训基地,校企双方共派师资管理并指导学生的顶岗实习工作,做好职业实践性课程内容建设。校企可以将中华传统文化的内容融于专业课程体系中,设置丰富的课程内容,尝试将课程内容划分为国学类、遗产类及文艺鉴赏类等,采用模块化选修的方式,运用校内外结合、线上与线下相结合的形式,拓展课程内容;同时,还可以充分利用混合所有制办学经费,邀请名人开展讲座,延展课程内容的表现形式,培养专业学生的审美意识及修养,使其具备理想的人格、健康的生活方式以及较高的思想道德境界。

(四)构建科学合理、具有创新性的课程结构

以创新的策略思想对专业课程体系的课程结构进行调整势在必行。校企应努力协作,尝试打破现有专业课程、学科之间的壁垒和界限,努力摆脱学科知识系统的束缚,根据学生学情分析的结果,对现有课程体系中理论性、宏观性较强的课程进行一定程度的删减。对于专业课程体系中具有一致的培养目标以及不同学科课程内容相互交融较多的课程,不能将原有内容进行简单的叠加或随意拼凑,而应秉承删除与合并有机结合的原则,先将这些课程的内容进行拆分,再把性质相同或相近的内容进行有机合并,并且重组为新的课程。专业课程的名称,要依据行业标准,在此基础上进行深入延展而定,要做到专业课程命名特色显著。为了体现校企利益共享、彰显专业建设服务地方经济的要求,校企还可以根据企业文化、地域文化及学校专业建设发展的要求,创新开发一些属于混合所有制办学模式下的特色课程。校企应充分发挥优势,使专业课程结构更科学合理,达到专业性、科学性、创新性及前瞻性并存的良好效果。

第三节 高职院校混合所有制产业学院的人才培养机制

高职院校混合所有制产业学院改革打通了课内与课外、教学与实践、学校与企业两大平台、两种资源、两个环境,使人才培养更加贴近产业创新的愿景、市场发展的需求,形成了人才培养上的独特优势。

一、构建实战化、精细化、前沿性人才培养理念

实战化、精细化、前沿性是混合所有制改革背景下高等职业教育人才培养的创新理念。

实战化是高等职业教育人才培养的基本素质要求。高等职业教育是面向应用的技能型教育,是嵌入生产环节的顶岗实践型、在岗实践型教育。混合所有制改革通过产权复合,使原有的外延型产学研合作内化为办学核心利益的共同价值追求和实践行动。深度链入企业生产创新环节的实战化人才培养是其主要培养特色与优势。其基本内涵与要求包括以下四个方面。第一,人才培养的基本规格按照产业实战的标准确定原则,混合所有制参股企业及其关联企业集团参与学校人才培养目标、模式及方案的制订,将行业最新的发展需求及技术变革态势引入人才培养目标,在人才培养顶层设计上实现与行业及产业发展的"无缝对接"。第二,强化人才的实战岗位培养与历练。改变原有的封闭、单一的人才培养模式,将在岗和顶岗实战培养纳入人才培养的基本环节与内容,构建课堂理论教学与企业岗位实战培养嵌入式、融合式一体化发展模式,彻底改变原有的课堂教学及以实践为主、附加适当课外实践的模式,用在岗和顶岗实战反向驱动课堂理论教学模式的创新,等等。第三,以实战的标准考核及评价人才培养成效。在实战的维度中,以岗位适配性、应用性及现实贡献率作为

人才培养成效的基本考察点,更加注重高等职业教育人才培养的"对位贡献度"和"嵌入贡献度"的考察。第四,强化实战性资源的全域导入。在人才培养环节中,既要注重将实战性要素、实战性资源导入人才核心专业技能的培养中,也要注重与学生德智体美劳全面发展的紧密结合,与人才培养的第二、第三课堂的有效结合,与青年大学生创新创业等的有效衔接,打造全域实战模式。

精细化是适应行业和产业发展最新趋势的培养要求。现代产业发展的一个典型特征是产品的精细化、专业化分层加剧。原有的大口径、宽泛化人才培养规格和模式很难适应当前产业发展的需求。紧密贴合行业与产业发展需求,人才培养规格高度精细化、专业化成为基本选择。这就要求根据产业链细分环节与门类的特点,在一定专业领域内开设不同的专业方向,使专业重点方向、培养重点与产业链发展精准对位,将原有的"订单式"培养从"包出口"的订单转变为"提前岗位精准适配"的订单。同时,在推动精细化培养过程中,要高度重视通过高质量的精细化来抵消小口径的潜在就业面限制,位于顶端技能阶层的精细化可以有效破解专精化带来的口径适配性难题。而混合所有制改革为这种顶端技能阶层的精细化能力锻造提供了体制基础与能力平台。

前沿性是混合所有制改革背景下人才竞争力的重要显现方式。混合所有制改革在构建企业参股高校的机制平台的同时,也使高职院校办学直接切入市场与企业的核心环节,构筑了校企一体化发展模式。前沿技术变革潮流、产业发展模式创新等可以在第一时间进入高等职业教育的人才培养模式,成为构筑"双前沿"的重要支撑,即在高等职业教育版图中的前沿性竞争优势,在产业与企业发展中的前沿性竞争优势。

二、探索更具层次感与竞争力的人才目标

高职院校混合所有制产业学院改革背景下,高校要探索更具层次感与竞争力的人才目标。其主要有三层内涵。第一,在人才培养上要有分类导流的概念。传统的人才培养,以单一纵向维度的"优、良、差"作为直线考察标准。新时代人才培养应该更加强调分类型的适配性问题,合适的才是最能激发潜力的,才是最好的。分类导流需要有产业图谱及岗位参照系,混合所有制改革为大学生培养提供了多元化、立体化的"参照坐标",让"一个标准""一个方案"演变为"微观描摹""具象刻画",人才培养的生动性与立体性得到充分彰显。第二,在人才培养路径上要有"跃迁式"发展的路径尝试。混合所有制改革可以让原有的企业大学的办学优势与特色被逐步吸收到国民教育序列的办学体系中,原有的"中规中矩"的规范化、模式化办学体系和路径存在着被颠覆的可能性。企业内培的引入,企业自身职业培养模式和通道与高校人才培养模式的合流,国民教育与职后培训的衔接,职业教育与本科教育的挂钩,师徒模式和菜单选择培养的推广等,为"跃迁式"人才培养提供了可能。第三,特色化人才培养窗口的开启。高职院校混合所有制产业学院改革为人才培养创新提供了全新的政策平台,衍生出众多人才培养的创新发展空间。比如,原有的"休学创业"可以变为具有极强专业性和职业性的"在岗专业化创业",人才培养的成果由课业总结转化为代表性实践和绩效表现认定,杰出的技能能手或岗位专家可以摆脱原有评价体系的束缚,使以能力提升为基本培养导向的高等职业教育人才培养目标真正落地。

三、构建项目化、产业化的产教深度融合培养模式

高等职业教育的混合所有制改革构建了产教深度融合的体制机制环境。产教深度融合实现了对人才培养链的全要素、全环节、全过程塑造,产教双向对接是混合所有制高职院校的主要人才培养特色与核心竞争力。而这种产教融合大都建立在项目化、产业化的机制与模式之上。项目化指的是企业的技术创新和高校的育人创新共同体不是一个碎片化体系,而是承载着具体培养需要、创新标的、能力模块、要素体系的项目化机制,有项目牵头人、项目成员、分功能的项目成员,等等。项目以某一产业的某一环节、专业门类或重大技术创新与运用需求为牵引,构建集约化的育人与产业结合体。在大学生基础能力培养基础上的项目化,其本质是构建了"基础性通识技能模块 + 实战实测应用能力"的培养模式,这种培养与组织模式有效兼顾了基础层级和递进层级之间的逻辑关系,形成了创新型的人才培养闭环。产业化指的是人才培养必须以实际的产业运用力与贡献率为基本价值取向。院校要充分利用混合所有制改革深度介入产业的优势,以技能的产业运用及转化作为人才培养的基本价值取向,以技能的产业运用及转化作为人才培养模式建构的基点,并将其贯穿到人才培养的各要素、各环节。打破"学用脱节"传统弊端的束缚,构建高等职业教育的"顶层集团",从人才培养的技能层面打破供需不对位等矛盾,为新时代高等职业教育大

扩招后的人才出口问题提供全新的对策与思路。

四、探索多维、立体、开放的课程体系

课程体系建设是人才培养模式的基本构成单元。在很大程度上,课程体系状况决定了人才培养的基本面貌。好的课程体系是与人才培养理念、人才定位相契合的①。要充分发挥混合所有制改革的体制红利,探索构建多维、立体、开放的课程体系。其主要内涵及要求有四层要义。第一,架构起理论教育与实践教育之间的连贯逻辑体系,解决好传统的"理论教育强、实践教育弱"或者"理论与实践教育两张皮"问题,构建具有应用型高等职业教育特点的理论实践课一体化体系。在这个过程中,要明确以实践运用创新为基本驱动轴,将企业与产业最新的技术变革趋势与岗位实践要求代入课堂与课程体系,带动理论课程体系结构与内容的重塑,持续凸显高等职业教育的应用型导向。第二,创新学制。比如,可以探索建立"四分之一学制"或"多学期"制度,将理论学习与在岗实践结合,实现"理论学期"与"实践学期"之间的交叉糅合;或者在同一学期内,叠加理论与实践课程,根据人才培养的需要,打破原有固化学制的束缚,探索弹性学制,为学生多样化学习、多元化学习提供平台。第三,打造复合型课程。要将专业能力培养、通识性基础能力培养等纳入一体化平台,在培养青年大学生过硬专业技能的同时,注重培养其健全人格及心理结构、社会交往及活动能力、组织协调及统筹能力、共情能力等,使其具备更加全面的素质。特别是在当前互联网技术快速发展的背景下,要大力培养青年大学生技术运用能力和互联网文化素养等。学校也要积极争取条件,开展网络课程,建立互联网共享课堂、虚拟课堂,多渠道开发与利用网络教育资源,多渠道拓宽网络教育资源覆盖面等。第四,探索建立模块化的课程体系,打破原有统一、固定、程式化严重的课程体系的束缚。根据混合所有制改革校企深度结合带来的教学内容与教学样式极大丰富的红利,围绕学生的个性化成长成才需要,开发多样化课程内容、实行多样化教学模式选择等。适时开发课程模块,尝试课程设置模块化。每一个模块内容要体量适当、结构完整、逻辑清楚、要求明确,方便学生根据自身情况进行自我选择。实现"菜单式"选课、"个性化"选课,通过不同知识单元的组合搭建

---

① 孙立会,刘思远.工程教育贯通式培养需要怎样的课程体系:来自东京工业大学楔形课程体系的启示[J].重庆高教研究,2020,8(5):91-105.

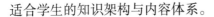

适合学生的知识架构与内容体系。

五、探索更具适配性与牵引力的人才培养评价机制

人才培养评价机制发挥着指挥棒的作用。要探索建立更具适配性与牵引力的人才培养评价机制，就是要使人才培养评价更好地反哺混合所有制改革下人才培养模式的改革与创新等。其基本内容主要体现在四层要义上。

第一，开展多元化评价。校企不应以一把标尺度量所有学生，本着真实反映不同特长、不同岗位、不同需求学生学业成绩的取向，根据校企融合、多样化多层次育人的状况，设立不同的目标和考核内容，允许教师通过多样化方式评价学生学习成效。比如，在传统课堂理论考核的基础上，引入在岗实践综合评价，鼓励学生通过组织创新创意团队、开展实践技能研发等方式证明学业成绩。要特别注重学生思想道德素质与综合文化素养等的考查，全面客观反映学生的综合培养成效。

第二，开展多样化评价。既要有重点地考查终端学业成就，也要注重过程性考查。比如，既要考查学生的主观能动性、探索进取精神等主观学习态度，也要考查过程中统筹与协调能力等，要注重定量考查与定性考查的充分结合，精准描摹学生专业精神与能力、创新创业特质，等等。要充分发挥校企结合立体化培养的优势，根据不同的专业特点、岗位特质需求，系统梳理过程、环节、环境、主观、客观等各关联要素，尝试建立基于多样化评价导向的专业化评价机制，实现评价考核"专业特色性""人岗相适性"。

第三，开展多层次评价。在进行综合性评价的同时，根据企业和行业用人的具体需求，积极开展多层次评价。比如，专项评价主要考察人才的某一方面特长与优势，如技术创新能力、精细化动手能力、团队协作能力、市场拓展能力等，将人才的优势和个性特质有效结合，可以更加精准适配企业与行业具体工种与门类的需求。在多层次评价中，也可以积极尝试引入企业对专业化人才的考核与评价标准，实现校企双向评价的融合，更好地体现评价标准的科学性、全面性。

第四，开展多路径评价。基于混合所有制改革复合产权结构的状况，高校要积极发挥多主体办学的独特优势，在自身评价的同时，积极引入企业评价、行业组织评价、社会评价等，构建多主体复合型评价，反映各关联主体对创新型人才培养的需求。在条件成熟的情况下尝试探讨引入第三方评价的可能性,将原有的自我封闭式评价拓展为主客观结合的系统性、科学性评价。

第四节　高职院校混合所有制产业学院的产学研合作开发

产学研合作开发架起了高校办学与社会服务的桥梁,是高职院校混合所有制产业学院改革最具直观投射效应的办学领域。高职院校混合所有制产业学院改革催生了全新的产学研合作模式与机制,促进了产学研合作数量与层次的全新提升。

一、架构全新产学研合作体系

相对于原有的高等职业教育产学研合作体系,混合所有制下高等职业教育产学研合作实现了四重全新蜕变。

第一,从技术知识的单向流动转为双向互动的嵌入型合作模式。原有的校企产学研模式大都由企业向高校购买智力成果,或者基于一定的产业诉求及社会使命,为高校提供专业实习或社会实践岗位,具有较强的政府行政性驱导特点,以校企甲乙方之间的技术知识的单向流动、价值变现为主要运动特征,校企合作缺乏固定化使命与机制的辖制。而混合所有制改革构建了校企双方产权复合型结构,校企双方具有了共同的价值利益诉求及一体化利益结构。原有的以行政驱导为主要动力的单向合作转变为校企双方互动的嵌入型合作模式,高校在向企业精准提供技术智力成果、人力资源要素的同时,也积极接纳作为共同产权所有者的企业对高校的技术回流与反哺,引导高校人才培养模式的创新与办学质量的提升。

第二,原有的松散型合作、契约关系合作转向基于产权结构的高度稳定性合作。原有的校企产学研合作带有较多点对点的机遇偏好式合作,或者受一定产学研合作潮流驱动而产生运动式合作,如一些地区和高校仓促共建创新创业产业园等。在经历一定发展阶段后,这种松散型合作通过一定的契合方式,形成较为稳定的合作关系,逐步转化为简单契约型合作关系。但是其始终存在两大不足:一是学校的产学研合作往往作为人才培养、科学研究的单独附加型功能,有相对独立的职能部门承担该项工作。在很多高校,社会合作、产学研服务处于相对弱势地位,与人才培养、科学研究的协同共振关系没有得到显现。二是校企产学研合作本身是办学附加型工作,有则更好,多则更佳,但没有进入高职院校人才培养模式创新、科学研究创新动力机制层面予以考虑,利益传导的结构还不通畅。而高职院校混合所有制产业学院改革让校企合作构建形成了高度稳定的复合型产权结构形式。基于共有产权和利益,校企双方形成了深度融合、互为助力、双向嵌入的校企合作机制,形成了基于共同利益的长效合作模式。高校向企业提供技术转化平台与人力资源、企业向高校提供技术支持成为同一办学主体内部的常态运行结构,支撑着校企合作持续走向深入。

第三,从原有的技术入股等低层级合作模式向集群合作、共建孵化器与产业加速器等模式转型。原有的校企合作限于校企双主体关系间离等因素,其合作模式往往局限在技术入股、购买服务、订单培养等模式。混合所有制共有产权结构的形成,推动着校企合作走向高度集成化的产业集群,校企双方共建孵化器与产业加速器等,极大地提升了校企合作层级。

第四,在合作领域和类型上从"同质化"合作、"空心化"合作、"功利化"合作转化为具有独特模式、具备核心竞争力的特色化合作、差异化合作、命运共同体的长期化合作。混合所有制改革背景下,深度共同体产学研合作,形成了具有共同利益驱动的利益匹配型、能力互补型、绩效彰显型合作模式,意在构建具有独特竞争力的差异化合作模式与体系,有效打破了传统的泛在化、同质化、框架性、空心化合作模式的束缚,使校企产学研合作真正做到"有型、有心、有信、有行",形成了长期合作的共同利益基础。

二、混改后的产学研合作异化风险及其防控

混改后的产学研合作异化风险主要有以下三个方面。

一是教育理想与价值流失的异化风险。产学研深度合作经济利益的直接介入带来了局部放大经济收益权重的压力。如何引导非教育产权投资者科学认知教育事业的公益性属性,克服通过教育投资直接获取产权收益的冲动成为一大重要挑战。一些教育投资者谋求在产学研合作或教育投资中,通过教育盈利和教育收费直接获得投资利益,但不愿将利润再投入教育,客观上形成了对提升办学治理的重大阻碍。

　　二是国有资产的流失风险。高职院校混合所有制产业学院改革形成了共有产权,校企双方协同参与教育事业发展及一些关联产业运作,在产学研合作、产业运作过程中,存在着权力博弈失当带来的国有资产权益受损的现实风险。比如,产学研合作中对外投资的失利与亏损,产业权重对教育利益的挤压,教育权力不当让渡给产业权力等,都会对教育安全带来消极影响。

　　三是改革震荡带来的人心不稳风险。混合所有制改革带来的两种体制的接驳与碰撞,不同的利益主体、不同的运动方式、不同的价值诉求的融合,形成了较大的共同成本与磨合代价。特别是在合作过程中,传统收益机制如何面对裂变式改革,新的考核机制、压力传导机制如何被广大师生员工接受,人事关系性质的转变、用工方式的改变如何与师生传统的岗位属性定势相磨合,师生员工产学研合作精力投入与教育教学精力投入权重如何调适等问题考验着高校的各级管理者。

　　面对以上问题,其防控举措主要有以下三个方面。

　　第一,在治理结构设计与资源引入的前置环节中就向企业投资者明确,高职院校混合所有制产业学院改革的主要利益兑现方式是通过产学研合作加速企业技术转化而实现经营增值,并不以教育事业收费、与教育关联的产业性经营活动获利作为利益回报机制。混合所有制高等职业教育的利益兑现以人才培养及技能转化为中间渠道和中介载体。混合所有制产权投资者投资的是"产业教育",而不是"教育产业"。这样的价值导向及实践操作要求要通过学校章程的形式予以明确,并在混合所有制改革前期引入战略投资者前就予以明确,并科学设计好制度风险防控机制,避免办学进行过程中产生纠纷。

　　第二,针对国有资产流失风险,在混合所有制高等职业教育对外投资中,要明确风险控制边界,避免将产业风险转嫁为教育风险。其主要逻辑思路有两条。一是高职院校混合所有制产业学院是独立法人结构,涉及对外产业投资,但不单独从事纯产业类投资、风险类投资等,其主要价值指向是办学主体、办学层次与能级的提升和教育母体竞争力的增强,具有鲜明的教育关联度特征。比如,共建产业孵化投资机构,其本质是产教融合体,高校以智力成本入股,通过股权合作方的企业市场化运作与市场拉动,加速技术变现的能级与速率,提升孵化投资机构的整体实力,有效提升教育主体竞争力。高等院校承担的是教育安全边界内产教一体化办学的责任,并不作为直接主体参与市场逐利。二是参与高职院校混合所有制产业学院改革的企业具有双重职能定位,它以固定股权投资方式介入高等教育办学,是高等教育承办主体之一,帮助高职院校扩大规模、提升办学质量、提高综合竞争力;帮助高职院校更好地为关联企业提供技术支持与人力资源支撑。同时它又是完全市场竞争主体,参与市场改革,具有鲜明的市场性特征,通过混合所有制的制度桥梁,将产学研合作的市场资源导入高职院校办学中。混合所有制的制度设计是嫁接市场资源的重要途径,实现了对市场资源的"教育属性"附载,使其具有了较大的安全边界。

第三,针对改革引发的人事关系调整,一方面,要加强思想引导与疏导,通过各种宣传教育方式,引导师生员工打破原有传统固化思维观念的束缚,走出传统的办学"舒适区"。将鼓励竞争、彰显绩效、质量优先等作为重要的办学取向,这是混合所有制改革背景下激发办学活力、强化办学动力的重要思想基础。另一方面,高等职业教育的混合所有制改革是一项具有重要创新性的工作,在进行制度设计时,要做好原有体制与新体制的有效衔接,在改革框架内,尽可能减小改革的坡度。特别是产学研合作过程中,对于不对称收益的分配,要充分兼顾到各个方面的心理承受度,既体现激励性、拉大级差,又在一定程度上兼顾面上综合平衡。比如,部分收益是否可以尝试作为技术创新或产学研合作共同基金等,促进资金再投入、再循环,以技术性优化手段减轻混合所有制改革对传统体制及人员心理的"落地震荡"。

三、产学研合作正向联动作用及其发挥

产学研合作正向联动作用发挥主要指三个方面。一是产学研合作对高职院校人才培养的深度影响,集中表现为企业的创新技术与资源被引导到教学与人才培养的全过程,并以产权结合的方式形成固化利益结构关系。二是产学研合作对高职院校国际化办学的深度影响。国际化办学是高校提升综合办学实力的主要指标之一。混合所有制改革后,高等院校可以借助企业的对外合作关系,拓展对外合作办学的渠道,提升国际化发展水平。三是对文化传承的影响。新时代高校校园文化是在社会主义核心价值观指引下形成的兼容并包的文化体系。通过产学研合作的方式,企业文化中的价值精髓可以进入高校校园文化体系中,丰富高校校园文化内容,夯实校园文化底蕴。

第五节　高职院校混合所有制产业学院的文化传承

高校校园文化是一个内含多种要素的有机整体,大体上由四个部分组成,包括物质文化、精神文化、制度文化与行为文化。四个组成部分具有不同的功能,在校园文化建设中所起到的作用不尽相同,却都以各自的方式对校园整体产生着重要影响。① 混合所有制改革过程中的高职院校,其校园文化建设更加重要。新体制、新形式、新机遇要求校园文化更好地发挥作用——统一思想、凝聚共识、形成合力,用文化的力量、思想的力量、价值的力量弥合分歧,汇聚将改革引向深入的合力。如何将企业精神及文化、行业精神及文化、社会精神及文化与高校办学历史、传统文化精髓紧密结合起来,构建新的校园文化体系? 这个问题考验着新形势下的高校管理者。

一、贯通校企的新文化精神打造

混合所有制高职院校校园文化建设的基本特点就是将原有的封闭式校园文化体系转化为融合企业精神、产业精神、行业精神、社会精神的开放式多元文化体系,文化内容更加丰富、文化体系更加复杂、文化底蕴更加深厚、文化辐射力更强、文化相融性的要求更高。其内涵打造围绕着以下精神主旨。

第一,以社会主义核心价值观为引领,用新时代中国特色社会主义思想武装广大师生头脑,牢固树立"四个意识",坚定"四个自信",坚持"两个确立",做到"两个维护"。坚持和巩固马克思主义在意识形态领域的指导地位,旗帜鲜明地守好意识形态主阵地,筑牢办学的思想之基。社会主义核心价值观是全体社会成员价值认同上的"最大公约数",是包括校园文化在内的一切社会主义文化的最终价值归宿,为校园文化建设提供正确的发展方向和价值准则②。高校办学要始终以社会主义核心价值观为引领,坚持正确的价值方向,结合高等职业

---

① 王红,范若冰.马克思主义整体性视域下高校校园文化建设路径探析[J].高教探索,2019(7):33-37,43.

② 侯典举,陈捷.高校校园文化建设的价值取向与着力点研究[J].学校党建与思想教育,2018(18):49-51.

教育混合所有制改革连通教育、企业、产业、行业、社会及家庭等的优势,展示多样化素材的思想政治教育功能,通过文化沙龙、文化下乡、文化走心、文化展示等形式,开展丰富多彩的思想政治教育活动,使社会主义核心价值观日常化、具体化、形象化、生活化,让广大师生员工在教学实践、产业实践和生活实践中感知它、理解它、领悟它、实践它,并将它内化为强大的精神追求,外化为实际行动,这是促进高等职业教育混合所有制改革、加速高职院校发展的重要精神力量。千万不能因为混合所有制改革,弱化党的领导和价值引领,要走出一条在党的领导下通过高等职业教育混合所有制改革汇聚各方办学力量、增强精神凝聚力、全面提升高职院校办学质量的跨越式发展道路。

第二,发挥混合所有制改革多样化思想政治教育主体的优势。在高职院校混合所有制产业学院改革中,高校要把自身的思想政治工作优势与企业的思想政治工作优势紧密结合,把中华人民共和国成立以来高等教育事业波澜壮阔的发展历程与国民经济、社会发展取得的巨大成就紧密结合起来,与改革开放以来民营经济迅速发展、国有企业改革持续深入、综合国力显著增强、中国特色社会主义建设取得巨大成就等发展状况紧密结合起来,用翻天覆地的变化、用身边的感人事迹激励师生。让师生充分感知长期以来高等教育办学过程中积累的深厚校园文化的精神内涵,深刻理解企业在创新创业过程中积累起来的宝贵精神财富,使之成为混合所有制改革高校校园文化建设的独特优势。比如,浙江是我国改革开放的先行地。20 世纪 80 年代,浙江抓住劳动密集型产业向发展中国家转移的机遇,着力发展轻纺产品对外贸易,确立了贸易大省的地位。20 世纪 90 年代,浙江抓住国际产业结构调整和转移的机遇,加大吸引外商直接投资的力度。我国"入世"后,浙江以"八八战略"为指引,"跳出浙江,发展浙江",在继续推动外贸、外资发展的同时,坚定实施"走出去"战略,有效拓展了经济发展空间。近年来,浙江积极融入长江经济带,推进自贸试验区建设,开放发展更加主动有为,创造了"浙江样本"与"浙江经验"。这些是在浙高校校园文化精神的重要内容,也直接熔铸在浙江企业精神之中。混合所有制改革高校要利用自身的独特优势,把校园文化精神、企业精神、地域精神与时代精神融汇在一起,发挥好特色思想政治教育与校园文化资源的优势,打造思想政治教育与校园文化建设新高地,用生活化的体验、发自内心的感受让习近平新时代中国特色社会主义思想入耳、入脑、入心。

第三，传承高校特有的办学精神与文化传统。高校是文化综合体，高等教育承担着文化传承的重要功能。高职院校在长期办学过程中，积累形成了重要的办学精神、办学思想、办学理念等，形成了具有鲜明特色的文化积淀，并且萃取成办学特色与办学核心竞争力，这是高校办学的鲜明标识与独特优势。在高职院校混合所有制产业学院改革中，要传承与发扬高校长期以来形成的好的办学精神、办学理念与办学传统，比如，艰苦的创业史，扎根区域、融入行业的主动服务意识，精细化培养人才的工匠精神，注重实践的应用型取向，德智体美劳全面发展中的劳动教育新期待，特别是紧贴时代、反应灵敏、快速应变的办学策略，等等。每个学校要根据自身的办学历史、办学传统、办学特点、办学目标等，积累与传承宝贵的办学文化精神。注重在混合所有制改革背景下，将新的文化内容、文化要素、文化精神与传统文化优势融会贯通，激励高校创业者不断进取、奋发有为，开辟办学新局面。

二、探索多样化的校园文化建设路径

第一，注重将从上到下的传统建设路径转化为上下结合的多层次建设与发展模式。高校传统文化建设大都采用从上到下的发展模式，即由学校决策主体确定校园文化建设的重点、方向与目标，学校各级予以贯彻落实，师生员工全员参与，具有鲜明的线性结构。随着混合所有制改革的全面推进，校园文化建设的主体更加多样化。因为产权结构的关联，企业、行业、社会组织等新文化建设主体以全新的面貌和身份意识参与高校校园文化建设，深度校企合作引发的教育场景和就业场景及其利益关联的系统性变化，联动激发起家庭、社会、学生等主体的文化参与意识。不同主体在文化建设上的横向联动，架构起了扁平化、复合型、多样化的文化建设模式，在校园、企业、社会中进行的各种文化探索与实践极大丰富了校园文化建设的内涵、模式与路径。传统的从上及下转变为上下结合，合纵连横，直接导致高校校园文化建设由线性向网状变化，带来了全新的文化建设效应。

第二，由同质化校园文化向特色化校园文化转型。由同质化校园文化向特色化校园转型，探索与形成具有不同高校鲜明特色的校园文化建设内容及建设路径是校园建设的整体发展趋势。而混合所有制改革则有效加快了这一路径的探索。特色校园文化依托于独特的制度体系、办学主体的价值与思想传承、办学实践及运行模式、办学物化场所的价值提炼等,而混合所有制改革与以上因素密切相关。通过混合所有制改革引发的文化创新将成为高职院校办学的重要助推力。特色化校园文化建设有以下三个方面的逻辑点:一是办学的服务面向所彰显的企业精神与行业精神,产权结构的融合所建构的校企一体化。企业精神成为校园精神的重要组成部分,并且与人才培养模式相融合,具备了不可复制的重要文化基因。二是基于办学传统与办学特色的文化价值精神传承。高校长期办学沉淀了丰富的精神文化养分,大都体现在校训、校标、校歌之中,也彰显在优秀教师代表和杰出校友中,这些都是新时代高校校园文化精神的重要内容来源。高校要把长期以来积淀的办学文化精髓传承好、发展好,并与新的文化价值内容体系充分融合,构筑既具有历史传承性,又具有新的创新文化因子的新校园文化体系。三是特殊区位和外在发展条件对特色校园文化的加持。高校所在的办学区域等对校园文化建设也发挥着特别重要的作用。

第三,用项目牵引向场域文化育人转型。传统的高校校园文化建设较多采用主题式、项目化建设方式,结合重大主题庆典活动及固定化节日,每年组织主题文化建设活动等。当前混合所有制改革引发多主体深度介入高校校园文化建设,互联网技术发展构筑了"万物互联"的全媒体环境,微信、微博、短视频等极大地改变了媒介形态、传播模式及人际交往模式,重塑了媒介发展格局,使得在场传播、线上线下立体交互、实时联通全球课堂成为可能。各要素充分融合、注重文化深层浸染与熏陶的场域文化得以建构,物质文化与精神文化在共同场域中加速融合,企业文化与校园文化成为新兴文化场域中的重要内容。场域把校园文化主体的价值理念覆盖到每一个受众,构筑了全员育人的文化环境。

第四,由大学生客体参与型向主体建构型转型。传统的高校校园文化建设建立了严格的层级落实机制,大学生大都以教育对象的客体身份参与校园文化的各项建设活动,落实学校的各项要求。在新时代,要牢固树立大学生的主体参与意识,创新高校校园文化建设的模式。按照学校党委的统一部署,充分发挥师生主体能动性,贴近师生精神文化需求,围绕师生认知习惯、接受习惯、文化爱好、关注焦点等,创设新型校园文化建设载体与模式。比如,师生自编自创红色微讲台、组织编排校园经典文化系列微剧、拍摄红色微视频、举办红色文化体验活动……通过举办各种各样主体性创意实践活动,带动师生主动思考、身心浸染、切实体验,形成思想自觉,真正让校园文化建设起到滋养心灵、化风成俗的功能。

三、发挥校园文化对办学的多元作用

要发挥好高校校园文化建设对办学的四重作用。一是引领作用。校园文化是高校办学目标、理想和信念的精神外化体现,引领着高校师生员工沿着正确的办学方向与目标共同努力,确保全校师生员工"力往一处使,劲往一处用",在正确的办学轨道上奋勇前进。二是激励作用。高校要利用校园文化建设的契机,用共同理想与信念激励全校师生员工艰苦创业、奋发有为,激发办学潜能与活力。特别是混合所有制背景下各类办学主体要消除合作过程中的情感隔阂,全面推进混合所有制改革过程与高等职业教育办学。三是规制作用。文化传递着潜在的规制力量,当师生员工的行为突破发展的边界时,潜在的文化规制力量就会发生作用,形成价值约束。要充分发挥校园文化的规制、约束作用,使校园文化和刚性制度为提升办学治理成效、提高办学质量服务。四是育人作用。校园文化是大学育人的重要途径,要发挥文化"润物无声"的作用,打造文化载体育人、文化平台育人、文化环境育人、文化制度育人、文化活动育人、文化课程育人、文化节日育人、文化项目育人等多种育人共同体,真正将协同育人落到实处,实现全员育人、全过程育人、全方位育人,全面提升高职院校育人质量与办学水平。

第九章 高职院校混合所有制产业学院建设推进策略

第一节 高职院校混合所有制产业学院建设发展面临的问题

高职院校混合所有制产业学院兴起的时间较短,典型案例中的院校从建校之初就具备多主体办学基础,以多主体共治理的方式运行,而纯粹一元化的公办高职院校进行学校层面混合办学的案例目前还没有。2014年《关于加快发展现代职业教育的决定》颁布后,各省逐渐开展混合所有制产业学院实践办学探索,如山东海事职业学院、上海视觉艺术学院、沈阳职业技术学院软件学院等。然而由于政策和体制机制的不健全,公办高职院校实施混合所有制办学,无论是理论、实践还是制度建设,都存在诸多问题与挑战。

一、办学目标的矛盾

(一)高职教育的公益性

1. 教育的公益性

长期以来,我国的教育属于社会公益事业,投入主体是政府,人人享有接受教育的权利和义务。法律层面也对教育的公益性做了诠释,《中华人民共和国教育法》规定,国家鼓励企业事业组织、社会团体、其他社会组织及公民个人依法举办学校及其他教育机构。任何组织和个人不得以营利为目的举办学校及其他教育机构。国家从法律层面规定了举办教育不能以营利为目的,任何组织和个人不能从中获得回报,即除国家外的其他办学主体只能以捐资办学方式参与,以此保障教育的公益性。

2. 教育收益的公共性

高职教育培养的目标是人,而人是服务于社会的,人的全面发展促进了社会的全面发展。首先,高职教育培养的人是社会国家所共有的,受教育的人越多,社会的劳动力就越充足,国家的竞争力就越强,获得的经济收益就越高,这就产生了社会效益。其次,个人通过提供服务获得报酬,在服务过程中为企业带来收益。企业和个人取得收益后,向政府缴纳税收,政府的收入增加了,就业率提高了,减少了政府贫困补助、失业救济的支出,这就产生了公共效益。除此之外,高职教育还带来文化效益,职业教育对文化传播、传承和技能技术的传承、创新都有一定的作用。部分群体通过职业教育的培养,解决了就业问题,同时满足了企业对技能技术人员的需求,减少社会不安定因素,降低失业率,增强社会稳定,对国家而言,社会的稳定是最大的公共效益。

(二)高职教育的营利性

随着改革开放的实行,市场经济体制得以建立和完善,市场在资源配置中发挥主导作用。教育要适应市场的需求,就要形成一个既有利政府统筹管理,又能调动各种社会力量参与办学积极性的新型体制[①]。民办教育应运而生,2002 年 12 月颁布的《中华人民共和国民办教育促进法》规定"民办学校在扣除办学成本、预留发展基金以及按照国家有关规定提取其他的必需的费用后,出资人可以从办学结余中取得合理回报",这一规定说明法律范围内,允许举办者(除政府外)取得一定回报。允许取得回报意味着存在盈利,如果没有营利,用什么来回报?所以教育存在营利性。不得以营利性为目的不等同于不可获取回报。在现行的法律法规中,国家鼓励社会力量参与办学,社会力量参与办学有捐资和投资两种形式,两种形式的投入对高职院校的发展具有同等重要的作用。捐资办学在国家政策规定下可获取捐赠资金税收减免的回报,投资办学获得的回报也应同样给予支持。社会资金投资到办学中付出了资本的时间成本和减少了其他获利的可能性,如果不允许获得回报,将导致其资本价值不断缩减,这将打击部分社会资本参与办学的积极性,这与国家立法的初衷也相违背。对于教育的营利性,应持客观态度,教育盈利来自社会对教育服务的接纳及认可,并不改变教育的公益性,正如企业进行社会公益投入不改变其营利性一样。

(三)混合所有制办学公益性与营利性的矛盾

公办高职院校在现有法律政策规定下属于非营利性事业单位,经营目的在于育人,为社会提供高素质人才服务是其职责,注重社会效益;而企业是市场化

---

① 杨卫安.教育公益性及与营利性矛盾的化解研究[D].长春:东北师范大学,2007.

运行单位,受制于市场,它的行为目的是遵循市场规律,追求利益最大化以保障企业的生存与发展,注重经济效益。当前,在职业教育需求不断扩大的情况下,只依靠政府的投入已难以满足育人之需,更难实现教育的公益性。因此,唯有利用教育的营利性,吸引社会力量的投入,才能实现教育的大力发展。

社会资本参与公办教育主要有捐资办学和投资办学两种形式。捐资办学不涉及高职院校办学体制的改变,混合所有制涉及的社会资本是指公有资本与私有资本的结合,即教育的社会效益与企业的经济效益融于同一主体之间,但两者的出发点不同,运作行为、管理方式也有较大差别,各自的界限也难以区分。主要存在的冲突有:一是混合所有制办学的目的是增加社会力量一起办好教育,而教育的效益是多元的。高职院校培养的人才是服务经济发展,人才培养要符合行业产业发展、转型之需。同时高校人才培养也是技术文化传承与发展的过程,而这些效益无法直接换算成等价收益。二是教育的产品是培养的人才和教师的科研成果等,这需要长期的投入。而投资性资本更注重投入产出比,追求利润最大化:以最少投入产出最多效益,以最短时间产生最大利润。这与教育的长期投入需求形成矛盾。三是人才培养这一产品成果是参与办学的主体共同出资培育形成的,无法量化主体间的贡献度,这就难以明确各主体收取回报的比例。因此,在混合所有制体制内教育本身存在的公益性与营利性矛盾将进一步放大和激化,这些冲突将贯穿高职院校混合所有制产业学院发展的始终。如何平衡这两者的冲突,决定着混合所有制办学新体制建设的成败。

二、混合所有制办学运行管理存在的问题

(一)混改的定位不清晰

德、英、美等职业教育发展较为成熟的国家,由政府发动行业企业参与职业教育,以法律的形式规范行业企业参与的行为,从政策层面明确政府、企业、学校等各方参与办学的地位和责任。这说明职业教育脱离政府的支撑,完全由企业需求驱动无法取得良性发展,而完全由政府包办,缺少行业企业参与的职业教育也难适应社会所需。职业教育是针对取得某种社会职业资格的教育,这种教育对人才的培养与毕业生就业时的职业岗位联系很紧密,但长期以来,我国的职业教育相较其他类型的教育受重视程度较低。"十三五"以来,职业教育的关注度空前提升,国务院出台政策文件提出职业院校探索混合所有制、股份制办学,鼓励社会力量参与职业教育办学,涉及多元办学主体,超出教育领域范围。而办学体制改革涉及不同所有制主体的产权、办学收益分配、举办主体的税收认定等问题,单由教育行政部门推进办学体制改革,缺少政府层面的统筹、相关部门的合力落实,是很难取得实质性突破的。

在政策文件中提出混合所有制办学,但未对"混合"进行明确定位,什么程度的合作属于混合?混合到什么程度?混改后的主体与公办和民办的区别在哪里?这些问题未厘清,混改后的高职院校发展前景就不明朗,必将挫伤各方主体合力举办的积极性,这将成为混改的一大阻力。

混合所有制办学定位存在几种可能性:一是作为公办院校转制到民办院校的过渡性体制;二是作为独立的一种体制存在,类似普通高等教育中的独立学院;三是介于公办与民办之间的事业单位。对于公办高职院校而言,在现行制度下,在招生、师资、科研方面都有政府的支持,较民办高职院校更具有优势。混改后,按混合所有制办学的三种定位来看,院校的性质都发生变化,其原本享有的政府支持也必定受影响,这些都将影响公办高职院校进行混改的意向。公办院校更愿意将混合所有制办学定位在"小混合"层面,即参照普通高等教育的独立院校模式,通过共建二级学院的形式吸纳社会闲散资本,改善校企合作紧密度,扩大办学规模和影响力。但完全参照独立学院的办学模式,母体与独立学院的关系又变得复杂了。母体院校通过二级院校的混合扩大办学规模,增强办学实力的目的也很难实现。而对社会资本而言,参与公办高职院校办学,其可以取得的合理回报也无依据可落实。因高职院校混合所有制产业学院无法明确属于事业单位法人、企业法人还是民办非企业法人,社会资本退出办学也缺少明确的路径和依据;如果限制产权流动,社会资本投入到办学中,与捐资办学性质类似,这也将极大打击社会资本的参与意愿。

(二)经费筹集与持续性办学困境

职业教育人才培养过程需理论与实践操作相结合,较其他类型教育来说,教育成本会更高一些。为了培养适应经济社会发展需求的技术人才,高职院校需要有专门的实践教学基地,为学生提供实践训练和职业素养锻炼之用。学校要培养"双师型"教师队伍,教师要了解一线的岗位特点和职场要求,要把一线技能与课程安排相结合,这些过程都需要学校不断更新教学设备资源和实训环境,这些成本投入是必要且巨大的。

高职院校走混改的道路,大都是为了通过企业的协助加强实训条件建设,在混改之初,校企合作可取得较好的成效。"十年树木,百年育人",办学的投入是一个长期的过程。社会资本必然会考虑到产出收益,而教育的营利性体现在社会效益上,体现在人才培养就业后的服务上,社会资本无法通过办学投入短期内实现经济效益。随着经济迅速发展,产业转型加速,企业也同时面临着市场竞争压力,在多重压力和利益权衡下,企业难以保持对办学经费投入的热情。

学校进行混改后得到的国家财政支持有限,甚至可能没有,目前进行混改的职业院校中,政府的投入是在筹建初期一次性投入的,一般以土地、校舍以及公办院校的师资作为投入资本,而在办学过程中则无办学经费支持。随着人们对美好生活需求的日益增长,人们对教育质量的要求也越来越高,全国的教育财政投入也呈现逐年增长的趋势,这也表明教育的投入需求在不断增加,混合所有制院校办学经费主要来自学费收入和社会培训、技术交易服务、政府专项建设等收入,这些不足以支撑学校可持续发展,导致混合所有制院校面临持续性办学经费不足的问题,这显然违背了国家鼓励社会力量参与办学、通过社会资本的投入办好做大职业教育的初衷。

(三)规模扩张与质量提升的矛盾

学费收入是高职院校混合所有制产业学院的办学经费主要来源,举办者为了能较快收回办学成本,获得资本利润,往往采取扩大招生规模的途径来加以实现。学生培养规模扩大,学校的师资力量、教学设备等支撑办学质量的条件也要相应提高,而规模扩大导致质量难以提升,主要表现为:

一是师资匮乏。一方面,国家规定职业院校的生师比要保持在18:1,这是混合所有制院校难以达到的。人才市场上"双师型"教师本就稀缺,混合所有制院校相对公办院校更难引进教师。师资队伍的增长速度难以跟上办学规模的扩张,教学就难以按照教育规律组织安排教学计划。另一方面,师资队伍的素质水平对提升学校质量至关重要,师资的培训和下企业锻炼是提高教师素质和水平的有效途径,而这部分的投入往往会被忽视。为节约师资队伍的成本投入和解决师资力量不足问题,院校可能通过减少固定教师、增加兼职教师或临时外聘教师的方式来解决问题。但外聘和兼职教师对学生培养质量的关注度不如专任教师高,投入的时间精力也有限,这影响到教学质量和效果,导致学生就业质量不高,阻碍了学校教育的健康发展。

二是设备设施不足。培养规模的扩张就要改善学校办学环境,意味着要有充足而稳定的资金用于学校的硬件设施设备更新和建设之需。教育部规定高职院校的生均经费应达 12000 元,在生均拥有教学仪器设备、生均建筑面积等方面也都有相应规定。在对几所典型的混合所有制院校调研过程中了解到,院校的这些办学指标都难以达到规定标准。而这些硬件配置不足,对学生职业素质教育、实践技能教学都有较大影响,培养的人才很难体现出职业教育的特色,影响了人才培养的质量,更无法发挥混合所有制办学在校企合作上的促进作用。

三是流动资金紧缺。办学规模的扩大,加大了设施设备的成本投入,而办学的流动资金就大大减少。如果没有经过合理的成本核算,一味扩大办学规模,很可能导致办学过程资金供应不足,造成经营困难,引起社会对学校办学的信心不足,更难吸引社会资本继续投入办学,不利于学校未来发展。

三、人事编制定位不清晰的困境

现有的公办高职院校教职工多数是事业单位编制内人员,享受政府的薪酬待遇和福利,教职工的职务认定和职称评聘政策也十分明确。混合所有制办学,不论是公办院校与非公有资本混合,还是民办院校与国有资本混合,都存在编制内与编制外员工,在人事管理上存在较多问题:

第一,混改后的高职院校属性未明确,原本属于编制内教职工的待遇与福利是否保持不变?尤其是职称评聘、职务认定、养老保险等,民办院校与国有资本混合后,可否按照事业单位的标准为教职工缴纳养老金?这些问题将影响教师队伍的稳定性。公办职业院校教师队伍流动性相对较低,因为院校与院校间的待遇相差不大。如果混改后的编制内待遇有所变动,教师职业发展前景和上升空间都不明朗,则可能引起优秀教师、专业教师的流失。

第二,混改后的职业院校一般有企业和学校两类职工,而两类职工的薪酬待遇存在差距,如果放任差距存在,必会导致队伍不稳定,人才流失;若要缩小差距,必须增加人力成本投入,而在政策层面,缺少针对混改后的师资队伍建设扶持性的法律法规,这也加大了人事管理的难度。在办学过程中,师资力量是决定学校人才培养质量的根本。教职工未能因混改而得到精神和物质上的待遇提升,甚至自身的生存都可能受影响,未来发展更是不明朗,就很难全身心投入到教育教学中,这也将制约混改院校进一步的发展。

第二节　高职院校混合所有制产业学院建设存在问题的原因

高职院校混合所有制产业学院办学模式在试行过程中因诸多主客观因素影响了推行的进程。从不同混合所有制模式的典型高职院校中可以看出,不论是公办高职院校吸收社会力量,还是民办高职院校引入政府资本,都存在多元主体混合后的高职院校的属性及治理结构边界模糊的问题,主要原因有两个:一是立法与保障不到位,二是多主体治理的结构性原因。

一、立法与保障不到位

(一)法人属性未明确

法人的属性是决定法人设立、运行的关键问题,也是法人组织所有权利义务的法理基础①。混合所有制职业院校法人属性中有民办非企业法人,也有民办事业单位法人,而现行的国家、地方法律未对此进行明确界定。公办院校引入社会资本后成为混合所有制院校,其法人属性是事业单位法人还是民办非企业法人,这在教职工薪酬、财政、税收等方面有较大区别,必将影响公办院校参与改革的积极性。学校要实行依法治校,法人属性无法确定,未有明确的法律法规规范学校举办主体的权责利,这在改革中必会引起混乱,也留下钻法律漏洞的风险。

(二)资本保障机制不健全

混合所有制办学涉及国有资本与非公有资本,两种资本在混合过程中如何保持相对完整的法律权益还待解决。一是资产评估未有明确的法律规范。公办院校在办学中积累的品牌影响力、师资科研能力、社会认可度等无形资产,缺乏法律依据,未有规范评估程序,在改革过程中存在国有资产流失的风险。二是混合所有制产业学院在办学过程中资产流动未有法律依据。学生的就业、教

---

① 张啸宇.公办高职院校混合所有制改革的法律困境与立法建议[J].教育发展研究,2017,37(11):63-68.

师的科研是学校的产品,这需要长期的资本投入。如果允许资本变动,或是频繁更换举办者,势必影响办学稳定性,也不利于学校战略规划和中长期发展。国有资本一般以土地、校舍等固定资产进行投入,社会资本一般以资金、实训设备等流动性和损耗性大的资本进行投入,这部分的资本可能随着企业的发展之需而变动。因此,限制资本流动,将影响社会资本投入办学的积极性。如何保障办学稳定兼顾资本流动之需,有待立法进一步解决。

(三)决策权属存在冲突

高职院校的决策权是办学主体对学校发展战略及行动方案等活动所拥有的选择、驾驭、支配的权力。学校的决策层是掌握学校事务决策权的唯一机构,对学校内部重大事项具有决策权,并对其他部门进行制约。公办院校按照我国《中华人民共和国高等教育法》的规定,施行的是党委领导下的校长负责制,决策机构是学校党委会,而按我国《中华人民共和国民办教育促进法》规定,社会资本参与办学要成立董事会,董事会为决策机构,两种不同体制的法律规定使得混合所有制院校的决策权和决策层的组成存在法律冲突。混合所有制办学形式有多种,有公办院校与非公有资本混合、民办院校与国有资本混合,混合层次有大混合、小混合等。在现有的混合所有制高职院校中,非公有制单个主体的资本占比往往超过50%,而产权归属决定其具有参与办学的职责和权利。按资产占比分配决策机构代表占比,则容易形成一支独大的局面,其他举办者的权益和地位就相对被边缘化,决策权和决策层的组成就更复杂混乱,而这直接影响到学校的运行效率。解决这一法律冲突是混改后学校发展的核心问题。

(四)利润分配不明确

《中华人民共和国民办教育促进法》明确民办院校可分为非营利性和营利性两种性质,对于营利性民办院校,其办学结余按规定提取后,给予投资者一定的合理回报。在《关于加快发展现代职业教育的决定》中提到,鼓励社会力量参与办学,并可取得相应的收益,但对于合理回报的比例未做明确规定,也无法律程序规范。《中华人民共和国高等教育法》对办学结余是按照奖励的性质给予投资者回报①。混合所有制办学中不同所有制举办者对利润分配有不同的法律

---

① 黄南铨.公办高职院校混合所有制改革的法律困境及其出路[J].中国职业技术教育,2018(24):14-19.

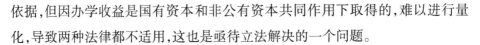

依据,但因办学收益是国有资本和非公有资本共同作用下取得的,难以进行量化,导致两种法律都不适用,这也是亟待立法解决的一个问题。

(五)举办者权利救济途径有限

社会资本进入公办高职院校,行为上等同股东性质,但法律制度未赋予股东权利。各主体的权利遭受侵害时,可采取的法律救济有限。混合所有制高职院校遭受其他法律主体侵害时,可以独立法人身份提起诉讼。但在其内部,当出资方的权利未得到公平对待,则受损的出资方无法以股东身份提起诉讼,难以通过法律途径寻求保障。

二、多主体治理的结构性原因

不同的办学体制有不同的治理结构,学校内部治理包括机构设置、管理权限划分、制度制定等。混合所有制职业院校因产权混合,法人属性未明确,现行的混合所有制院校以民办院校治理结构为参考,实行董事会领导下的校长负责制,采用法人治理机构。

混合所有制院校不是纯粹的民办院校,采用这种治理结构存在许多挑战。

(一)权责界限不清晰

在此结构下,董事会是最高决策层,负责制定办学方针、发展战略和规划,经费预算,决定校长任命等;校长为各项政策和决议的执行者、学校的法人代表。举办者与管理者之间存在权责界限模糊问题。一是学校的举办者即出资者,存在举办者忽视所有权与管理权分离等相关规定,随意干涉学校管理,甚至有出任学校管理层领导的现象。二是受举办者干涉的压力,在人才培养方案制订、招生就业、课程安排及设备使用上,学校管理者未能有效发挥应有的工作权力,影响教学质量和育人效果,不利于办学的可持续发展。三是举办者(董事长)与校长之间存在博弈关系。现有法规未明确规定两者的委托代理关系,在办学过程中,校长更注重发展教育,而董事长代表投资方,更注重经济效益,办学理念也有偏差,影响工作的开展,不利于学校管理实施。

(二)内部机制缺失

一是部分混合所有制高职院校存在产权不清晰,院校与投资者之间出现财产所有权与经营权、使用权方面的纷争。二是董事会工作制度不完善。根据举办者投资占比决定董事会成员代表比例不合理,往往出现单个企业投资占比超过50％,在董事会议事决策中就有绝对的主动权,其他董事的权利无法体现。当一股独大时,外部缺乏政府监督,内部制度条款也难形成约束,就可能出现董事或股东调用办学资金,谋取其他经济收益的问题。更有甚者,投资方通过董事会的职权实施企业管理模式,无视教育法律规章,不以教育发展规律为重,以追求企业营利性为主导,忽视教育公益性,导致办学声誉受损。三是参与举办的企业内部的稳定性与混改学校息息相关。企业内部的董事变动或是资产结构变动都可能引起学校董事会成员的变动,也将影响学校稳定发展。

第三节　高职院校混合所有制产业学院建设发展的实施策略

高等职业教育混合所有制办学是一项系统工程,既涉及学校与企业内部复杂因素的综合协调,也与国家发展战略、行业变化态势、教育政策实施等密切相关,是诸多办学合力在这个改革平台与轨道上的集成实践。

一、"下"的实践摸索与"上"的政策适配同步并行

高职院校混合所有制产业学院改革是一项全新的实践,没有现成的改革样本和经验可以遵循。高校产权与企业如何融合,复合型产权如何有效传导为治理优势,高校育人属性与企业商业属性如何接驳,两者合作的安全边界如何设置,企业参股高校的动力如何激发,校企合作的对位匹配性如何界定等议题考验着各级各类改革主体,需要在实践中摸索与确定。

在改革实践中,坚持"下"的实践摸索与"上"的政策适配同步并行是基本的方法论要求。

"下"的实践摸索遵循自主性、创新性原则。在确保社会主义的办学方向、立德树人的根本任务、国有教育资本的安全边界的情况下,鼓励高等院校作为相对独立的改革主体,自主探寻摸索改革方式、实施策略及发展路径等,回答与处理好选择什么样的企业主体参与混合所有制改革;如何规避单纯性产业资本介入与资本运作给办学带来的潜在风险;如何把行业或区域领军企业、代表性行业纳入合作视野,实现生产链、育人链、创新链与资本链的有效结合;如何科学发挥行业组织作为中介组织的特殊功能;如何规避企业介入高校产权运作后

给其他企业带来的排他性技术垄断风险;如何科学设置复合产权下的治理模式、降低交易成本、确保复合产权的治理效能;如何创新性建构校企整合型人才培养模式,最大限度地发挥混合所有制人才培养平台的优势;如何构建双师型师资队伍;如何设计绩效薪酬体系;等等。这些问题有待高校在改革实践中自主探索与破解。

"上"的政策适配遵循同步性原则,其节奏与速率由高校把握。高校根据改革的推进状况,提出改革进程中需要教育主管部门上位政策明确的相关事项,明晰改革中上位授权事项的相关执行标准,或者说明晰上位政策红利的幅度,并将其与具体的改革实践有效结合。比如现有的绩效总额度是否可以突破,人事关系是否可以灵活处理,学费是否可以按成本收费,等等。

通过"下"牵引"上"从动,"下"出题"上"答题,上下同步、供需对位,形成推进高职院校混合所有制产业学院改革基本的运动结构,确保改革的整体速率、节奏和质量。

二、典型样本重点培育与示范引导

当前高职院校混合所有制产业学院改革处于边改革边摸索边试点的阶段。在战略层面可以采取样本先行、重点培育、以点带面的策略。地方教育主管部门可以根据所辖区域内高等职业院校的整体发展情况,遴选自身有较强改革意愿、专业与区域主体产业或未来新兴产业匹配度较高、办学质量及效益较好的高等职业院校,作为改革试点单位。一般一个省级行政区内根据实际情况可以选择 2~3 所高校作为试点单位,便于在改革进程中形成政策比照效应。试点高校承担改革试点的重要任务,通过混合所有制办学的逐项探索,形成改革的基本框架、政策原则、实施策略与路径等,为改革提供系统化的参照样本及政策建议。政府相关职能部门要给予试点高校两项政策红利:一是改革的试错空间,给予试点高校较大的试错空间,只要不涉及意识形态及国有资产流失红线、没有主观失误故意。一旦出现失误,在政策法规界限内,予以政策包容,为多样化探索尽可能多地形成改革样本与经验提供体制保障。二是与改革方向要求相匹配的、突破原有政策局限的、大口径的政策赋权,充分激发改革的内在活力、动力与潜力。以大口径的政策赋权全面提升改革的整体规格,加大实施力度,突破既有体制的束缚,形成全新的改革样本,推进改革取得实效。

三、充分发挥改革枢纽杠杆力量

要充分发挥改革枢纽杠杆作用,以一个关键点位撬动改革的全局。注重多样化政策工具的使用。根据不同的情况,结合改革样本的特殊实际,形成多样化的改革突破定位及传动机制。比如改革枢纽杠杆可以是治理机制建设,围绕复合型产权结构下的新型治理结构,探索如何构建校企合作型治理机制,并将校企合作的特殊优势深度植入到人才培养、科学研究、社会服务和文化传承的各个方面,以此为支点,撬动各个方面的系统性变革,构建改革的政策模型。同时也可以尝试以分配制度改革这一关键点位破冰,撬动整体改革局面。从混合所有制下的分配制度改革倒推人员身份重新厘定,再溯及校企深度结合的运行模式建设等,层层推导,从局部向全局展开,明晰改革的行进路线。从另外一种视角来观察,也可以尝试以人才培养模式改革作为混合所有制改革的驱动支点。通过校企协作型人才培养模式改革的探索,分析和研判混合所有制改革中校企联动的作用机制及其结构,再将其延展到协作科研、协作社会服务、文化共建等方面,进而推导出混合所有制改革背景下的系统性治理结构。不同支点的运用取决于改革主体的实际情况,如果校企双方整体性契合度较高,合作目标愿景趋同,合作推进状况相对稳定,则可以从治理机制环节打开突破口。如果整体合作前景还不特别明朗,还处在相互摸索与探索阶段,可以尝试从校企合作人才培养模式改革入手,逐步厘清双方的合作意图、彼此能接受的改革限度,为下一步改革实施提供依据。如果整体改革方案和治理机制等尚缺乏系统考虑及整体设计,相关情况还没有把握,则可以尝试从点状的绩效分配制度改革入手,打开改革的思路及缺口,为全局性改革的推进找到合理破题点。

四、注重改革的综合配套设计

高等职业教育混合所有制改革是一项全新事物,涉及高校治理体系、人才培养模式、产学研合作机制等办学的方方面面,办学各要素之间存在着紧密的联动关系。某一项改革的策略意图及实现方式直接关系到周边改革的协同推进,也可能影响到改革的全局。

在改革中必须坚持综合配套设计,其主要有三层要求。

第一层要求,点面结合。在确立某一重点推进的改革内容时,必须统筹兼顾,考虑联动领域的改革政策赋予问题,避免改革单兵突进,形不成合力,甚至出现制度性抵触等。比如在薪酬体系改革设计中,就要充分考虑校企协作双师型队伍如何纳入办学政策口径,如何重新定义现有绩效分配体系,原有的纯事业身份如何与混合所有制改革后的新兴体制机制相衔接等问题,做好关联政策体系的系统性设计。

第二层要求,环环相扣。"点面结合"强调了主体政策与关联政策的协同,而"环环相扣"则重点突出注重改革的微观链接关系,高等职业教育的混合所有制改革既涉及大政策体系的重构、改革实践模式的优化,也涉及师生主体复杂利益关系调适及情感适应等复杂问题,点对点的利益关系复杂、多元、动态,理性与感性交织在一起。这就要求在改革中谨慎稳妥处理好各个相关改革部分之间的微观链接关系,综合考虑到改革的力度、节奏、师生员工的承受度与接纳度等问题,形成正向和谐的"环环相扣"关系,增强改革交织节点的润滑度,消减改革成本,缓解改革压力,比如课程、任课师资与课时的联动关系处理。

第三层要求,合纵连横。高职院校混合所有制产业学院改革涉及高校、企业、行业中介组织、政府机关、家庭、学生及社会的复杂关系,在改革的综合配套设计中既要考虑到校内各关联主体间的关系处理,也要考虑到校企、校政企以及家庭、社会和学生个体间的多元复杂关系,梳理清楚关键利益导流架构及改革运动方式,在合纵连横中尽可能化解意识分歧,消磨利益壁垒,构筑合力机制。

五、发挥高等职业教育扩招的红利效应

高等职业教育扩招对混合所有制改革的推进具有三层重要意义。

第一,生源规模的扩容及层次结构的多元化为混合所有制改革提供了更加充裕的空间。高等职业教育整体生源规模的扩容为混合所有制高等职业院校提供更加充裕的生源,极大地增加了改革的伸展度及韧性。特别是本次高职扩招主要面向农民工、下岗职工、退役军人、新型职业农民等社会考生,这些考生中很多人已经有工作经历和社会经验,与区域产业与行业存在着或多或少的接触度;有些人有固定的工作岗位。他们是未来新型产业工人的重要来源,是区域行业与产业匹配性人才的重要来源。面向行业创新变革、产教高度一体化的混合所有制高等职业院校对这部分增量考生有着巨大吸引力,开拓了混合所有制改革的生源空间。

第二,高等职业教育扩招有利于凸显混合所有制高等职业院校的引领地位。本次高职院校扩招强调质量型扩招,明确要求用优质高校拉动一般办学水平高校,提高优质职业教育资源使用效率,加强办学条件薄弱的公办高职院校改造,整体提升办学水平。混合所有制高职院校的建设,契合公办高职院校优化、改造、提升的整体政策路径,也是公办高职院校改造的重要战略举措。同时它可以依托校企深度结合所形成的资源共享优势、人才共育优势、治理共谋优势,大幅提升办学实力,并带动一定区域范围内高等职业院校群体的发展,为质量型扩招做出贡献。与此同时,扩招中强调的"通过资源整合挖潜一批、专项培训培育一批、校企合作解决一批、'银龄讲学'补充一批、社会力量兼职一批,加快补充急需的专业教师""加快学历证书和职业技能等级证书互通衔接"等与高等职业教育混合所有制改革的扩面挖潜转制路径高度契合,较易形成合力。

第三,高等职业教育扩招的目的与导向有助于深化高等职业教育混合所有制改革。有专家指出,高职扩招100万人,不单是着眼于高考生源各录取层次的平衡,更是稳就业"棋盘"里的重要落子。只有将含高职在内的职业教育充分激活,由其输出更多高技能人才,才能在未来解决"结构性失业"问题,才能结构性增加就业供给,为社会经济发展提供足够的人力资源支撑。非常明显,高等职业教育扩招的目的在于促进与实现优质就业,有效缓解我国低层次就业的社会压力。这就更加促使混合所有制高等职业院校充分发挥自身的体制与资源优势,以产教一体化促进在校能力培养与职业技能一体化、求学与就业一体化、就业与创业一体化等,全面深化人才培养模式改革等,全面服务高质量就业。

六、注重人工智能等技术变革对高等职业教育混合所有制改革的红利效应释放

人工智能等新兴技术发展掀起了新一轮产业革命,迸发出极大的创新活力,深度改变了产业发展模式、产业发展动能及产业形态,重塑了产业发展图景。它对高职院校混合所有制产业学院改革起到了重要的推动作用,主要体现在以下三个方面:

第一,新兴技术引发的产业革命更迅速地传导到人才培养模式中。混合所有制高等职业教育构建了产教高度一体化的办学模式,人工智能、大数据等新兴技术发展引发的产业革命将在第一时间传导到产教共同体的高等职业院校中,引发教育教学理念、课程体系、实践教学模式、社会服务机制等的系列变革,使之快速契合产业发展的最新趋势,全面提升办学的时代性、前沿性。

第二,人工智能引发了高等教育教学模式的深度变革,这种变革与企业创新的协同催化,引发高等职业教育新的治理革命与培养革命。当前人工智能对高等教育的影响主要体现在三个方面。一是人工智能实现了高等教育低阶教学的功能性替代。智能教学设备逐步进入教学环节,通过数据挖掘、聚类与分析等,动态多维展示学生学情状况,辅助高校教师承担教学素材采集、教学方案设计、教学答疑、教学测试及评价等程式性工作,让高校教师有更多的时间和精力从事学生创造性思维、情感交互能力、复杂问题解决能力。二是人工智能建构了"因材施教"的智慧成像模式。大数据挖掘与智能分析技术通过学生课业成绩的参数变化、外在学习行为变迁及内在心理测度等精准描摹不同群体甚至个体的学习状况,追踪知识接收、迁移轨迹,形成与学生个体特质、学习目标、潜力状况等具有高度适配性的个体化学习解决方案,有效地推进了因材施教和个性化深度学习。三是人工智能有效支撑了"云端一体"的泛在教学体系。人工智能赋予了传统在线教育、移动学习以全新的智能应用模式,实现从平台多样化向教育资源跨时空、跨地域立体交互通联的转变。全球课堂通过智能交互技术等更加紧密地连接在一起,构建了跨越国界的知识联盟共同体。人工智能带给高等教育的这些深度变革,通过混合所有制的平台,与企业创新变革形成合流,极大提升了高校人才培养质量。比如人工智能背景下高校教师高阶智力劳动与企业优势智力资源的结合,高校人才培养模式的迭代与"机器换人"背景下产业工人劳动层级提升的契合,个体化因材施教与新兴产业精细化分工的契合,全球课堂、跨国知识联盟与技术创新、产业创新全球一体化进程的深度结合等等,将极大地助推高校人才培养质量的提升。

第三,人工智能引发的管理极大提升了高校的办学效率。人工智能定义了智慧校园的迭代模式与功能形态。区别于传统办公自动化、网上校园等信息化校园建设模式,智慧校园是基于深度学习、大数据、数据可视化技术的校园"智慧大脑"建设。通过智慧极驱动、架构校园智能循环系统,实现所有办学要素的数字化搭建、智能化呈现、集约化运用,以办学智能综合体建设带动高校治理结构与办学生态系统的转型升级①。这样的管理与效率革命作用于所有高校群体，混合所有制高等职业院校因为体制更加灵活、资本更加雄厚、与社会的接驳更加密切，对人工智能技术的引入速度更快、效率更高，对高校治理能力及办学质量提升的作用也将更加明显。

七、发挥普通本科教育改革对高等职业教育混合所有制产业学院办学的联动牵引作用

当前本科教育改革中的一些好理念、好经验和好方法对高等职业教育混合所有制产业学院改革具有重要启示作用。发挥这些因素的积极作用，将有助于加速推进高等职业教育混合所有制产业学院改革。特别是本科教育"双万计划"的实施，为高等职业教育改革与发展带来了重要启示。其主要体现在以下两个方面。一是对课程建设的启示。国家将用三年左右的时间，建成万门左右国家级和万门左右省级一流本科课程，围绕观念理念转变、课程目标导向、提升教师能力、改革教学方法、科学评价学生学习、严格制度管理、强化激励机制等出台一系列政策举措，解决人才培养中心地位和本科教学基础地位还不够牢固，不同类型高校课程体系同质化，课程质量不高，教学方法单一，中国特色、世界水平的课程建设有待加强等问题。"双万计划"虽然针对本科院校的课程建设，但其强调的教学理念转变、严格的课堂管理、因材施教的教学方法、科学合理的评价体制机制等对高等职业教育人才模式具有重要启示意义。特别是在混合所有制改革实践中，利用校企双方共同的资源优势，深入改革教育教学模式，建设双师型队伍，强化师资整体质量等，都将为提升混改成效添砖加瓦。与此同时，对校企协同中的课程管理规范、质量监管等问题的提前重视，也有助于降低体制改革交合地带接驳不紧密带来的风险。魏中林在《面向2035的一流应用型本科教育发展》一文中提出的应用型本科教育"再造流程、重构课程"的做法也值得高职院校参考。所谓再造流程、重构课程，指的是重新审视打破传统学科性人才培养的内容、结构和过程，按需要重组人才培养课程、结构和流程，最终建立以提高实践能力为引领的人才培养流程，进而形成产教融合、协同育人的人才培养模式，实现专业链与产业链、课程内容与职业标准、教学过程与

---

① 赵渊.人工智能时代的高等教育抉择：方向、策略与路径[J].社会科学战线，2019（10）：234－241.

生产过程对接①。二是对专业建设的启示。胡金焱在《关于加快推进新时代本科教育改革的思考》一文中提出,要紧扣国家发展需求,主动适应新一轮科技革命和产业变革,着力深化专业综合改革,优化专业结构,积极发展新兴专业,改造提升传统专业,打造特色优势专业。在专业存量建设上强化整合,改造传统老化专业,压缩长线冷门专业,归并相近碎片化专业,暂停甚至取消办学条件差、办学能力弱的专业,打造与时俱进的本科专业升级版,实现专业建设的新旧动能转换②。这些对本科高校专业建设的要求同样适应于高职院校专业建设,高职院校要把握高等职业教育混合所有制产业学院改革的战略契机,加速对传统专业的改造与提升,围绕行业产业发展需求,丰富专业内涵、优化专业门类、调整专业结构、汇聚专业资源、完善专业形态、营造专业生态,以最新的技术发展趋势及形态改造传统专业,以最新的技术创新流程及产业创新蝶变态势重构专业生长机制,以最优的资源汇聚方式夯实专业建设的基础,用高质量的专业建设为办学提供强有力的支撑。

---

① 魏中林. 面向 2035 的一流应用型本科教育发展[J]. 高教探索,2019(11):5-8.

② 胡金焱. 关于加快推进新时代本科教育改革的思考[J]. 中国高教研究,2020(1):65-69.

第十章 高职院校混合所有制产业学院建设发展的未来审视

第一节 高职院校混合所有制产业学院改革的未来发展模式与路径

高等职业教育混合所有制改革未来可能有五种发展态势。

一、助推建立独特的应用型高等教育体系

它将带来四重重大改变：

一是在生源结构上。普通高中毕业生、中等职业院校毕业生和广大企业在职员工将共同构成高等职业院校的主要生源，国民教育序列学生与企业职后培训学生有望纳入一体化课程教学体系与人才培养体系，实现生源体系上的有效融合，并通过生源个体结构与素质的有效融合与互动，助推构建面向实战的复合型生源体系。高等职业院校未来将与企业大学探索建立混合型发展模式。当前很多大型企业建设有自己的企业大学、继续教育中心或职业技能培训中心。高等职业教育混合所有制改革后，企业成为高等院校的产权方之一。原有的企业内训模式、内训资源及内训板块有望全部整合进国民教育序列高等院校。

二是在人才培养模式上。原有的"工学结合""产教融合"模式有望进一步丰富内涵。从一种教育特色转化为职业教育的基本规律，从"方法论"角度上升为职业教育的"理念"，贯穿于人才培养、科学研究、社会服务和文化传承的始终。在这种培养模式中，工与学的无缝对接及应用将辐射到方方面面，形成一系列更加丰富的多样化成果。

三是在教育功能指向上。在强化高等院校人才培养基本功能的前提下，更好地放大产学研合作、深度产教融合、社会服务的功能，全面介入技术转化，做强"应用技术研究集群"概念,并且将新技术运用第一时间纳入人才培养体系中,形成人才培养与技术转化、社会服务之间的深入嵌入型、互补融合型双轮驱动模式。

四是在教育体系建构上。当前已经有本科层次的高等职业教育试验院校。今后在应用型层面,可以探索硕士层次研究生教育办学的可能性,构建从中等职业教育、高等职业教育到更高层次的职业教育办学体系,形成我国高等职业教育的独特门类与体系,全面提升我国某一类别的人力资源素质,推动改变与优化我国人力资源结构的基本面,更好地适应制造业强国的建设需要,为决胜全面建成小康社会,实现"两个一百年"奋斗目标提供更加强大的人力资源支撑。

二、形成新型教育板块

当前我国高等教育主要分为公办高等教育与民办高等教育两大板块。民办高等院校板块体量相对较小,整体发展水平与竞争力和公办高等院校还存在较大差距。高等教育事业发展向新建本科院校,特别是行业特色性院校铺开,将会构筑形成我国高等教育板块结构中独特的混合所有制板块。同时,这种板块雏形与体系的建立,又将为混合所有制高等教育的开展提供更好的体制环境与发展氛围,促进我国高等职业教育跨越式发展。

三、探索优质混合所有制高等教育资源群上市的可能性

早在 21 世纪初,我国就掀起了教育行业上市的热潮。一系列政策改革利好,数万亿的市场空间,使得 A 股上市公司或者依托原有主业进行拓展,或者依托股东背景优势强势进入,或者从原有主业抽离坚定转型,或者拓展第二主业两翼齐飞,纷纷涉足教育行业。其突出表现是融合教育、互联网、大数据、云计算等诸多元素于一身的互联网教育方兴未艾,依托 AI、AR/VR、语音智能、图像识别等高科技技术的在线教育公司风生水起,职业教育培训板块成为发展的重点。纵观我国现有的教育类上市公司,大都为民营资本,且专门从事职业教育、在职教育等的细分市场的培育等,高等职业教育板块上市成为亟待开发的"蓝海"。特别是混合所有制高等职业院校,其拥有优质国有资产做基底,同时兼具民营资本。未来中国的优质混合所有制高等院校,在条件成熟的情况下完全可以培育为上市企业,利用市场资源及优势,迅速培育市场化混合所有制高等职业院校"旗舰集团",打造我国高等职业教育发展龙头。

四、构筑高等教育国际化办学新高地

海外来华留学生呈现出"一高一低"现象,"一高"是指海外学生来华留学集中在我国的双一流高校或省属重点院校,其他层次高等院校,特别是高等职业院校较少。"一低"是指留学生生源质量普遍不高,欧美国家学生比例较低,大都是来自第三世界国家的留学生。今后,混合所有制高等职业院校有望被打造为我国吸引海外留学生的主要基地之一,成为我国留学生教育的主要增长点。

其主要理由有以下两点。

其一,我国部分先进制造业等发展水平已经位于国际前沿,世界 500 强企业纷纷在我国投资设厂,我国在专业工人技术培训、职业教育等方面已经积累了丰富经验,具备向海外输出优质高等职业教育资源的能力,而校企产权高度复合的混合所有制高等职业院校是其中的主要载体与平台。

其二,我国正在全力推进与"一带一路"沿线国家的高等教育合作,这些国家与对外产业合作关系密切,培养与相关产业高度契合的高质量专业技能人才成为当前的迫切需求。发挥混合所有制高等职业院校的特殊优势,组织开展"一带一路"沿线国家青年大学生留学工作,特别是与行业产业具有高度契合性的留学,将为"一带一路"倡议的扎根提供重要保障。混合所有制高等职业院校的人才培养打通校企合作界限,具有鲜明的企业化培育与市场化历练特点,具有较强的市场转化与效益兑现能力,并有效实现了教育与培训的融通。以混合所有制高等职业院校为支点,吸引外国学生来华留学,将会打造我国留学教育市场的新增长点,市场兑现能力优势使之更容易成为重要的留学教育盈利点。

五、探索终身教育新形式

终身教育的普及和发展,是社会政治经济文化发展水平高的重要标志。伴随着我国综合国力和社会政治经济文化发展水平的显著提升,终身教育被迅速纳入视野,将成为我国的重要教育命题,在提升国民素质中发挥重要作用。终身教育理念是现代职业教育体系构建的核心理念。但目前的职业教育体系建设中存在以学历衔接为主、衔接不畅、限制发展的问题。固守原有培养方案,导致中高职人才培养出现学习内容重复、限制学生发展等问题。这样的体系设计难以培养出高水平的技术技能人才，不但不利于学生的生涯发展，还会造成严重的教育资源浪费①。混合所有制高等职业教育以产权复合为根本纽带，打通了高校、企业、家庭、个人、社会等的界限，由原有的闭环式学历教育人才培养转型为面向社会、面向企业、面向多元受众的开放性教育人才培养特点，在承担精准培养面向行业企业的高素质专业人才功能的同时，也承担着提升社会基础人员技能素质结构与文化素质结构，培养与转化一批适应性劳动力、储备一批未来可用劳动力，夯实我国整体人群素质基础的功能。

从某种程度上而言，它直接关系着占中国劳动人口绝大多数的初级劳动者的基本劳动素质和劳动面貌。混合所有制高校是这种传统国民教育序列人才培养与大体量社会人员职业培训兼备的模式的比较理想的承接载体。一方面，它通过市场化机制，以控股或合并方式尝试组建高等职业教育集团，联合社区学院构建大边界的高等职业教育联盟，并通过产权联结，改变原有的粗放型、松散型、项目化合作的弊端，使其办学形式、规模、层次与大批量社会培训的需求密切关联。另一方面，混合所有制高等职业院校由企业参股，可以密切追踪行业企业的最新变革态势，长线关注技术发展潮流，使其对社会劳动力的培训做到"有的放矢""训用一体"，提高社会基础劳动力培训的针对性、有效性。在具体实践过程中，可以采取政府购买服务或者企业购买服务的方式，建立起可持续发展的资源导流与循环通道，形成资源供给方、项目需求方、要素支撑方的长线运行架构，使政府力、市场力、企业力、高校力融为一体，创新链、资源链、教育链、产业链深度结合，构筑可以长线发展的生态体系。

基于以上理由，未来我国混合所有制高等职业院校有望成为我国终身教育体系的核心基地，成为具有中国特色国民教育体系建设的重要亮点，承担起培养行业产业适用性人才、提高技术工人与国民基本素质的重要职责。

---

① 付雪凌.变革与创新:扩招背景下高等职业教育的应对[J].华东师范大学学报(教育科学版),2020,38(1):23-32.

第二节 高等院校混合所有制产业学院改革影响 高等教育改革发展

高等院校混合所有制产业学院改革深度影响未来高等教育改革发展,主要体现在三个方面。

第一,在高校与政府的关系上,更加强调政府对高校的宏观调控功能,助推构建国家治理体系与治理能力现代化的"高校样本"。

高校与政府的关系一直是我国高等教育治理中的核心议题。扎根中国大地办大学,我国高等教育治理具有独特的优势。国家强化社会主义办学方针的指引,引导与要求高校紧紧围绕"培养什么人、怎样培养人、为谁培养人"这一根本问题,坚持党对教育事业的全面领导,坚持把立德树人作为根本任务,坚持优先发展教育事业,坚持社会主义办学方向,坚持扎根中国大地办教育,坚持以人民为中心发展教育,坚持深化教育改革创新,坚持把服务中华民族伟大复兴作为教育的重要使命,坚持把教师队伍建设作为基础工作,引领我国高等教育事业实现跨越式发展。

正是在国家的直接领导与大力支持下,我国迅速建立起了门类齐全、结构相对合理的高等教育体系,高等教育入学率显著提升,建立了一批在国际上具有重要影响力的一流专业、一流学科、一流高校,培养了一大批高素质人才,满足了人民群众享受更高质量、更多层次、更加公平的高等教育的需求,很好地服务于国家重大项目建设与综合国力的提升。这些成就的取得,离不开我国独特的国情优势与体制条件。

当然在新的历史时期,高校治理体系建设也面临着新的要求。其核心改革方向就是将原有的过多"微观干预"的方式转化为以"宏观管理"为主的机制。政府不再具体参与高校课程体系、课堂教学模式、实验实训设施、人才引进及师资队伍建设、专业设置、学科团队及平台建设、重大产学研合作项目等微观办学领域的工作,由高等院校自身根据办学规律及事业发展目标自主决定事业发展的重要事项。政府主要承担办学宏观调控职能,主要包括指引区域高等教育事业发展的整体方向,比如坚持内涵发展的要求等;要求高校坚持社会主义办学方向,牢牢掌握意识形态工作领导权,守牢意识形态建设主阵地;构建良好的高等教育发展生态,营造良好的竞合格局,促进高等教育资源的合理流动;加强对高等院校办学的绩效考核,执行差异化、竞争性的经费扶持机制;等等。当前这些政策正在稳步推进与实施,但在实践过程中,也面临各种各样的困难与困惑,比如虽然政府给予高等院校人才引进的自主权,但其对高校人才引进中位数的考核,让高校不得不在一定时间内在区域竞争的整体维度中考量人才引进数量,较易造成人才引进与实际需求"脱链";又比如地方政府对高校人才总量与高级职称教师总数予以定额限制,制约高校因地制宜地持续提升师资队伍建设质量;地方政府对高校重点学科、重点专业和重点课程的阶段性评审,迫使高校采取"田忌赛马"式的应试操作策略,违背学科专业建设规律,裁撤某些基础性、建设周期长、阶段性成效不明显的学科,集中资源打造速成学科,恶化了学科建设和发展的生态;教育考核与评价标准的恒定化与程式化,导致高校在建设发展中高度同质化。很多高校简单追求"大而全"的办学方向,向综合性大学转型。其本质是当前高等教育的宏观管理还处于粗放型阶段,其政策设计还处于理想模型中,在实践层面遗留了较多的微观管理的政策负累,导致宏观管理在实行过程中必然产生微观化的变型。高等教育治理体系与治理能力的现代化亟待探索与明确。而高等职业教育的混合所有制改革为厘清新时代高校与政府的关系提供了重要试验平台与样本。区别于原有的单一型公办院校治理模式,混合所有制高等职业院校的利益切分方式、管理机制及治理体系更加规范,作为法人办学实体的相对独立运行特征更加明显。

第二,在高校内部发展机制上,强调四种办学功能的综合联动,并根据不同办学层次与需求,凸显差异化驱动轴的作用。

人才培养、科学研究、社会服务与文化传承是高校的四大基本办学职能。在新时代高等教育事业发展中,实现四大功能的协同共进是办学的基本要求与基本形态。其中,人才培养是核心驱动轴,是高等院校办学的根本使命与任务,是高等院校区别于研究机构的根本标志;科学研究、社会服务和文化传承是联动轴,为人才培养提供强有力的支撑,使高校具备体系化运作的能力,这也是高等院校区别于社会培训机构及其他办学形态的根本标志。

　　高等职业院校,特别是混合所有制高等职业院校,更要牢固树立人才培养为本的理念,精准对位行业产业发展需求,大力开展面向行业产业及区域发展的订单式人才培养,以需求端促进人才培养端的持续创新。这种四项办学职能联动机制的确立,及不同职能差异化驱动效应的精准定义,从横向发展面来说,就是为了避免高校在发展进程中顾此失彼,以简单功利性目标定义发展全局。从纵向发展维度来说,就是以办学职能的现实发展状况、发展水平来厘定发展目标及定位的逻辑底线,比如研究型院校对科学研究的凸显和高等职业院校对社会服务的重视,潜在规制了其办学层次、目标及类型定位,这是内在办学规律及办学特征对显性外在办学目标及定位的逻辑规制与约束。对这些运动特征及运动轨迹的把握,真正使高校办学目标能够与办学实际相契合。高等职业教育混合所有制改革试点无疑为这种办学逻辑体系的建立提供了重要的试验样本。在复合型产权结构及治理结构下,四大办学职能的协同,办学目标的科学确定,不仅有赖于高等院校主观科学判断,也受市场,特别是技术精准转化市场的直接规制,还受到企业对技术转化规律、产业发展规模及前景的科学预判,及其由多种因素传导出来的家长和社会对相关专业和行业的认知状况的影响。在多种因素共同作用下,最终形成高校的办学目标、定位、逻辑路径等因素综合的系统化办学策略。

　　第三,助推高等教育跨主体、跨门类、跨区域协作,构建具有我国特色的新型高等教育联盟。

　　当前高等教育跨主体、跨门类、跨区域协作整体处于发展阶段,一些高校设立了异地校区,一些高校强化了校企合作关系,等等。从高等教育整体发展情况而言,尚处于小体量的局部试点阶段;从发展形式与内在动力而言,还是以单一主体为主的外延式增量改革模式,具有阶段性的利益获得与利益驱动特点,较多停留在办学实践操作及技术运用层面,尚未上升为一种办学理念及重要办学战略抉择。高等职业教育混合所有制改革通过产权复合的形式,构建了新型高等院校跨主体合作模式,其模式的主要特点是产权嵌入、主体融合,形成了复合型、统一性的全新治理架构。这种模式下的新办学理念、治理机制、要素分配、跨文化传承与传播等全新办学内容的探索,对我国高等教育治理模式优化及发展全局具有重大创新意义。

第三节 高等院校混合所有制产业学院改革重构产业版图

高等职业教育混合所有制改革为我国重要行业与产业迭代更新提供长期化、机制化、利益一体化的技术支撑与高素质人力资源供给。未来这种改革将向普通本科院校及双一流高校传导,有望在各个技术层次、发展水平上为我国整体产业竞争力的提升提供强有力的支持。未来高等职业教育混合所有制改革对我国产业版图的重构主要体现在以下四个方面。

一、高等院校混合所有制产业学院改革助推产业融合化发展

跨界融合是未来产业发展的重要特点。近几年来,大量交叉学科、边缘学科、复合学科的兴起为产业的跨界融合提供了重要基础。生物医学工程、纳米科学与技术、生物信息学、再生医学等交叉学科及产业得到快速发展。互联网已经像电一样,作为基本生活资料进入了普通人民群众的生活,"互联网 + 产业"成为基本的产业发展形态。人工智能和大数据不仅改变了产业发展形态,为产业发展赋能,也深刻改变了社会信息交互结构及人际关系模式。高等职业教育及未来其他层次教育的混合所有制改革,构建了教技产研用的深度一体化体系,前沿交叉学科知识得以通过产教研一体化平台迅速转入产业应用环节,助推产业交叉的深度运用。

不同学科、复杂知识、交叉领域、综合运用等可以充分依托这样的体系,促进人才培养、研究力量与产业间相互渗透、交叉重组、前后联动、要素聚集、机制完善和跨界配置,源源不断地促进新兴知识领域及创新创意要素的交叉汇聚、交叉学科知识的创新集聚与生产、交叉学科知识的创新应用转化、交叉技术成果的社会运用,这是深入推进产业融合化的"技术源""创新源"和重要"驱动轴"之一。未来这种产业融合化发展主要有以下四种特征。

第一特征是产业链重塑。通过新的要素集聚、技术迭代、业态创新等途径,将产业链延伸与结构重组、价值链新内涵建构及跃迁、功能链拓展与优化、利益链新联结机制构建等连为一体,实现传统产业与新兴产业、基础产业与高端产业、技术产业与非技术产业等的深度融合,实现产业链内在价值的重新定义。

校企应对产业链各环节进行重新梳理,实现产业链内在分工、功能模块的创新建构,将上下游关联产业环节全部纳入,构筑新的产业形态及产业分工协作模式。

第二特征是要素资源重组。以农业产业融合发展为例,可依托现代科技进步和产业变革,以新理念、互联网思维和品牌运营等,加快推进资金、劳动力、土地等资源要素的聚集和整合,促进产品创新、服务创新、技术创新,积极发展智慧农业、创意农业、乡村旅游等新型业态,构筑乡村产业振兴新优势。

第三特征是新的利益结构关系重构。通过契约、股份等形式增强产业组织主体的利益黏度,结成利益共享、风险共担的利益共同体和命运共同体。根据新的发展形势,重构产业链中间主体间的利益关系,其主要方向是变传统的协作式、松散式合作为深度利益关系融合的、具有高度稳定性的产业链协作关系,夯实产业链的运行基础,增强产业链的抗风险能力及综合竞争力。

第四特征是产业链外在发展语境的深度代入。当前我国正在以"创新、协调、绿色、开放、共享"五大发展理念为指导,全面推进生态文明建设,强调人与自然的和谐共生,推进循环经济建设,让"绿水青山就是金山银山"的理念深入人心。加速建设创新型国家。创新是引领发展的第一动力,是建设现代化经济体系的战略支撑。而科技创新是国家竞争力的核心,是各类创新中最核心最关键的创新。

当前我国正在大力依靠创新汇聚融合高端要素,培育我国经济发展新动力;依靠创新培育发展高端产业,构建我国经济发展新优势;依靠创新打造形成创新高地,拓展我国经济发展新空间。我国通过加强基础研究,强化原始创新、集成创新和引进消化吸收再创新,树立战略和前沿导向,推动关系发展全局的重大技术突破;强化企业创新主体地位和主导作用,形成一批具有国际竞争力的创新型领军企业,推动跨领域跨行业协同创新,加快政产学研用深度融合;坚持全球视野,推进开放创新,为经济转型升级提供强有力支撑。

创新型国家建设是提升综合国力的重要支撑。党的十九届四中全会审议通过了《中共中央关于坚持和完善中国特色社会主义制度　推进国家治理体系和治理能力现代化若干重大问题的决定》,全面回答了在我国国家制度和国家治理体系上应该坚持和巩固什么、完善和发展什么这个重大政治问题。全面提升治理能力与治理体系现代化水平也成为全社会的"热词"。在产业链建设中要善于把绿色发展理念、科技创新驱动的理念融入其中,全面发挥治理体系及治理能力现代化构筑的新兴产业发展环境对产业链建设的巨大促进作用等,化外在之势为发展之势,化外在之机为发展之机。

二、高等院校混合所有制产业学院改革助推传统产业深度改造

近几年来,我国产业转型升级速度加快,产业发展动能加速转换,一些高精尖及新兴产业得到快速发展,在国内外具备较强的竞争力。客观地看,虽然我国产业门类齐全,但整体产业基础还不强大,一些关系国计民生及国家重大核心竞争力的产业门类尚未实现有效突破。

传统产业特别是位于产业链中间层次、与广大人民群众日常生活关系密切、与区域经济发展关系重大的产业发展质量及综合竞争力亟待提升。如何为传统产业发展寻找到一个关键突破点,如何在"去实向虚"的过程中更好地稳住实体经济的基本盘,如何更好地实现人工智能、大数据等新兴技术对传统产业的有效改造等等,有其内在复杂性和艰巨性,有着一个长期改造优化的过程,是产业发展基本面与经济基本面的长期进化、持续改变与彻底完善的过程。

而高等职业教育及其他教育层次的混合所有制改革,着眼于人才培养与产业行业发展、区域发展的深度融合,在人力资源配置、基础性产业能级提升、产业基本面貌改变、人力资源与产业匹配度等方面长线夯实发展基本面,推进传统产业的深度改造,提升传统产业的发展实力。特别是高等职业教育的混合所有制改革试点,直接对应区域产业中间阶层、产业发展的基本面阶层的优化升级,将直接带动区域主流产业与整体产业的变革提升,有助于改变区域产业发展的基本素质。其中要注意两点。

一是高等职业教育与产业发展要形成互相牵引效应,不能是低层次的、平行化的产教合作,而应该是基于产教创新循环的前驱性协作,以企促教、以教促企,形成教育创新、技术创新与企业创新的合力,形成黏合力、聚变力,多方联合作用构筑向前动力。

二是抓住关键点位。我国中间层级的产业量大面广,改革撬动难度很大,要根据不同的情况,发挥混合所有制高校的作用,找准关键杠杆,比如人工智能、生物工程等先进技术及其产品的引入,对区域教育改革与产业发展规划、重大产业创新政策风口的联动把握,等等。

三、高等院校混合所有制产业学院改革助推新兴产业迅速抢占发展制高点

当前新技术产业快速发展,引领着我国产业转型升级。以信息技术的突破性应用为主导驱动社会生产力变革,带来了电子商务、智能制造、工业互联网等生产生活方式的革命性变革,为社会生产力革命性发展奠定了技术基础。信息(数据)已逐步成为社会生产活动的独立投入产出要素,而且可以借助数字物理系统等大幅提高边际效率,这是决定社会经济运行效率、促进可持续发展以及提升现代化水平的关键因素。以智能制造为先导构造的现代产业体系,以工业互联网为支撑,以电子商务为平台,促进了信息技术与实体经济的融合,加快了对传统产业的改造,推动三次产业在融合发展中逐步转型升级,形成具有更高生产率的现代产业体系[1]。

由高等职业教育和其他类型高等教育组成的混合所有制改革集群,一定涉及高新技术的产教融合、共同开发及产业转化,无疑对未来我国高新技术的发展和产业转型升级发挥着重要促进作用。当然这种作用的大小,取决于高层次、高水平院校校企合作的质量与水平,技术转化的通道、政策及发展环境的构建情况,混合所有制改革的综合推进力度及改革适配性状况等。

四、构建产业创新的新传动机制

高等职业教育混合所有制改革助推形成技术—资本创新集聚综合体系,构建产业创新的新传动机制。技术与资本的融合形成了全新的裂变效应。资本为技术赋能,使技术快速市场化,并产生明显的倍增效应;技术为资本找寻到了最高效率、最佳利益的实现方式,两者之间的结合,构筑起了新时代产业创新的重要传动机制。而高等职业教育混合所有制改革,特别是混合所有制改革在未来各种高等教育层次中的引入,为技术与资本的结合提供了一个最为前沿、最为直接、最为多样化的平台。

---

① 黄群慧,贺俊.未来30年中国工业化进程与产业变革的重大趋势[J].学习与探索,2019(8):102－110.

参 考 文 献

[1]陈春梅.高职院校混合所有制及其内部治理研究[M].厦门:厦门大学出版社,2021.

[2]章金萍,王煜."互联网+"时代高职课程改革与新形态教材建设[M].杭州:浙江大学出版社,2021.

[3]苏永华,王美云.生利主义视域下高职会展课程建设研究[M].武汉:华中科技大学出版社,2021.

[4]罗尧成.高职院校现代教育治理体系建设的理论与实践[M].上海:上海科学技术文献出版社,2021.

[5]张栋科.高职院校专业群建设的价值取向与行动路径[M].北京:中国社会科学出版社,2021.

[6]易俊,张进.高职院校"双高建设"思路逻辑研究[M].北京:清华大学出版社,2021.

[7]李亚奇.工匠精神引领下的高职专业建设研究[M].长春:吉林出版集团股份有限公司,2021.

[8]王旎."双一流"建设背景下高职院校治理能力建设研究[M].成都:西南财经大学出版社,2021.

[9]赵渊.高等职业教育混合所有制改革的理论与实践[M].北京:中国社会科学出版社,2020.

[10]黄立.产教融合背景下高职院校"双师型"教师团队建设研究[M].长春:吉林人民出版社,2020.

[11]阚雅玲,谭福河,门洪亮,等.高职特色学院与专业群建设:一个高职二级学院的校企合作发展历程和实践探索[M].广州:广东高等教育出版社,2020.

[12]耿凤.高职院校校园文化建设探索与实践[M].北京:现代出版社,

2020.

[13]谭小雄.高职辅导员素质能力建设简论[M].长春:吉林大学出版社,2020.

[14]李云华.高职教育文化建设与发展路径探索[M].汕头:汕头大学出版社,2021.

[15]梁露.高职文化创意产业人才培养实践教学体系的建设与管理探讨[M].北京:清华大学出版社,2020.

[16]张慧.高职院校文化育人的多层透视[M].西安:西北工业大学出版社,2020.

[17]肖志坚,张文福,胡新根.高职教学改革案例分析与创新[M].北京:冶金工业出版社,2020.

[18]汪雄进,唐少玉.建设工程项目管理[M].重庆:重庆大学出版社,2020.

[19]陈长伟.高职院校工学结合专班培养模式创新实践[M].北京:北京理工大学出版社,2019.

[20]石伟平.中国职业教育发展报告:2013—2014[M].上海:华东师范大学出版社,2019.

[21]王云清.混合所有制实训基地建设的研究与实践[M].北京:知识产权出版社,2018.

[22]方法林.社会嬗变下的旅游经典问题研究[M].北京:中国旅游出版社,2018.

[23]王升.高职教育的创新发展探索:以石家庄职业技术学院为例[M].石家庄:河北人民出版社,2018.

[24]胡赤弟.产教融合:制度·路径·模式:2017宁波高等教育研究论坛论文集[M].杭州:浙江工商大学出版社,2018.

[25]胡卫.政协委员履职风采:言为心声　有思有行[M].北京:中国文史出版社,2018.

[26]王振洪.高职院校管理文化及其创新策略研究[M].杭州:浙江大学出版社,2017.

[27]杨丽宏.云南省教育领域综合改革课题研究成果集[M].昆明:云南大学出版社,2017.

[28]张岩松.新时期高职院校创新发展研究[M].沈阳:东北财经大学出版社,2017.

[29]万卫.混合所有制职业院校发展研究:基于独立学院产权的视角[M].桂林:广西师范大学出版社,2016.

[30]周建松,盛健.高品质幸福金院实现机制研究[M].杭州:浙江工商大学出版社,2015.

[31]贾康,程瑜.改革红利:新一届政府改革与政策评述[M].北京:中国言实出版社,2015.